5-7, rue de l'Ecole-Polytechnique, 75005 Paris

www.harmattan.com

ISBN : 978-2-343-10760-8
EAN : 9782343107608

L'inventeur et le parasite

Emergences Africaines

Dirigée par Magloire KEDE ONANA

La collection « ÉMERGENCES AFRICAINES » se propose de renverser des certitudes faciles. Nous sommes convaincus que l'Afrique, longtemps considérée comme en retrait, s'ouvre au monde, et est plus que jamais au cœur des enjeux. Son Histoire ne doit plus s'écrire ailleurs, par des continents eux-mêmes en crise de modèles à proposer/imposer.

Une nouvelle génération très entreprenante d'Africains et d'Africanistes existe aujourd'hui, qui problématise et réécrit l'Histoire du continent dans toutes ses facettes, et par une approche multidisciplinaire. Il s'agit de dévoiler une Afrique des « Bonnes Nouvelles » : celle qui, parce que plus ouverte au monde, présente tous ses atouts d'émergence.

Dernière arrivée dans la compétition mondiale, l'Afrique est capable d'apporter un élan différent à la mondialisation grâce à son devenir, qui est subordonné à son être.

Déjà parus

Christelle Ndongo, *L'insoumise*, 2016.

Joseph Ndzomo-Molé et Pierre Obama-Étaba, *Le cousin barack Obama ? Leçons sur un phénomène historique inédit*, 2016.

Jules Marie BIALO, *L'eucharistie depuis Vatican II, Quel apport pour les communautés chrétiennes d'aujourd'hui ?*, 2016.

LUCY, *Des vieux et les fleurs*, 2015.

Séverin Djiazet Mbou Mbogning, *L'accès à la justice au Cameroun, Étude de sociologie juridique*, 2015.

Séverin Djiazet Mbou Mbogning, *Réflexions « canoniques » sur les droits de l'Homme au Cameroun et en Afrique*, 2015.

Jules M. Mambi Magnack, *Le peuple dans la littérature africaine contemporaine*, 2015.

Frank Ebogo, *La géopolitique de l'eau au Cameroun*, 2014.

Gérard-Marie Messina et Augustin Emmanuel Ebongue (dir.), *Médias et construction idéologique du monde par l'occident*, 2014.

André-Marie Manga, *Didáctica de lenguas extranjeras. Orientaciones teóricas en español*, 2014.

Marcellin Nnomo Zanga et Gérard-Marie Messina, *Pour une critique du texte négro-africain*, 2014.

Alphonse Zozime Tamekamta et Jean Koufan Menkéné (dir.), *L'urgence d'une révolution agricole au Cameroun*, 2013.

Alphonse Zozime Tamekamta (dir.), *L'illusion démographique*, 2013.

Bachirou OUMAROU

L'inventeur et le parasite

Essai sur la problématique de l'émergence des pays sous-développés

L'Harmattan

A Mon pays le Cameroun

A L'Ambassade des Etats-Unis au Cameroun

Sommaire

Sommaire

« Aude sapere »
« Ose te servir de ta raison »
Telle est la devise des philosophes des Lumières.

(E. KANT, *La critique de la faculté de juger*
tad. Philonenko, Paris, Vrin, 2000, p. 40-41)

1- En guise de prolégomènes

Voici une discipline noble et riche qu'on appelle *Philosophie* et que nous laissons allégrement de côté dans nos Etats sans exploiter suffisamment ses potentialités pour nous mettre résolument sur le chemin du développement. Cette discipline, on le sait pourtant, ne se résume pas à sa simple coquille de discipline scolaire ou académique telle qu'on la connaît aujourd'hui. Car celle-là semble être dépouillée de ses vrais attributs au profit d'autres telles que la Sociologie, l'Anthropologie, la Psychologie, l'Histoire, le Droit, l'Economie, la Démographie, la Linguistique et les diverses autres sciences du même genre. La Philosophie noble et riche dont nous parlons et souhaitons son appropriation par nos Etats, est celle qui fait l'unité de toutes celles-là. Même la techno-science doit être une affaire de philosophie globale de notre développement. Cela revient à mettre au cœur de notre processus de développement non pas les querelles des disciplines et les appétits égoïstes de leurs « adeptes[1] », mais l'unité de celles-ci dans leurs résultats et la collaboration de leurs acteurs au plus haut degré du terme. Cela revient aussi implicitement à parler de *politique* et des *discours* de développement. En effet, au sens aristotélicien du terme, « logos » et « polis » sont liés. L'un tire sa force de l'autre et vice-versa. Voilà le rapport et l'engagement qui nous ramènent aux fondements de la pensée philosophique et dont nous pensons que nos sociétés contemporaines n'ont

[1] Car le mot adepte ne convient vraiment pas pour parler des questions scientifiques ou rationnelles telle que la Philosophie. Mais nous l'employons par métaphore pour exprimer le décloisonnement anarchique de la quête du sens de notre développement total.

suffisamment exploité ni les contenus historiques (évaluation des différents systèmes de philosophie) ni les perspectives de recherche et d'application (la philosophie au service de l'homme). Marcel Gauchet l'a si bien souligné, « Avec la troisième révolution industrielle, tout est à reconstruire. » Qu'entend-il par « troisième révolution » ? En effet, écrit-il,

> *La troisième révolution industrielle que nous connaissons, celle de l'informatique, de la mondialisation, de l'individualisme, de la société des médias, se révèle grosse de dilemmes que nous n'avions pas anticipés. Ce ne sont plus les totalitarismes qui nous menacent, mais des processus de dissociation interne que nous parvenons encore mal à cerner. Tout est à reconstruire. Plus la démocratie avance, plus les problèmes qu'elle rencontre, grandissent*[2].

Ce que le philosophe Marcel Gauchet appelle la « révolution industrielle », nous l'appelons la « galaxie numérique ». Ce foisonnement d'idées, d'interactions, de communications réseautiques, révèle au grand jour que les sociétés du 21ème siècle ont autant de défis à surmonter que les sociétés d'autrefois. Ces défis se résument à celui de notre humanisation. Par cette expression, nous entendons le fait de bâtir notre humanité commune sans trop d'effets nocifs pour les générations présentes et avenirs. Et, l'Afrique plus que le reste du monde a besoin de la philosophie au sens de l'unité de ses modes de production de savoirs sur la nature et la société. L'observation que nous faisons de la vie quotidienne en Afrique est que les gens sont trop préoccupés à longueur des journées à régler les problèmes de leurs survies sans trop varier la manière de le faire et sans trop grandes satisfactions non plus. Ce que nous voulons dire précisément, c'est que les souffrances accablent de nombreuses populations d'Afrique et d'autres pays sous-développés. Ce qui leur donne très peu le temps de réfléchir sur les conditions d'amélioration de leurs

---

2 Propos recueillis par Said Mahrane in Journal *Le point* du 08 juin 2011 intitulé « La sagesse grecque », p. 113.

survies. Les conditions économiques des familles évoluent très peu également. Parfois, le peu de vertus qui reste disparaît progressivement par la dégradation des conditions de vie et des bonnes mœurs. Bien sûr, on semble flatté par les produits et les pacotilles ultramodernes de la techno science qui n'est plus aujourd'hui l'apanage de la seule société occidentale ; mais l'Afrique, quoi qu'on dise, est encore loin de réaliser son unité philosophique ou son décollage technoscientifique dont l'embryon a été détruit avec les événements douloureux de l'histoire[3]. Les choses y sont encore disparates et le pire est que l'organisation y est piètre chose. Ce dont nous souffrons plus dans les pays sous-développés de notre siècle, ce n'est pas l'absence des « cerveaux » capables d'inventer ou d'indiquer ce que nous devons faire, mais nous souffrons du problème de la « coordination » c'est-à-dire de l'harmonisation de nos savoirs, savoir-faire et savoirs-être. Cette « coordination » est nécessaire pour atteindre l'idéal sociétal dont nous rêvons en tant que société globale. Nous en appelons donc à l'unité de notre philosophie de vie c'est-à-dire à ce qui détermine notre condition de vie matérielle et spirituelle. Le chef d'orchestre d'une telle mission doit être philosophe au sens complet du terme. Car être chef d'orchestre, c'est en effet savoir mettre en parfaite symphonie les divers sons produits. Si les différents segments de l'intelligentsia africains ne sont pas unis et mis en réseau au sens cybernétique du terme, il ne peut y avoir une bonne organisation et une bonne coordination. Toute tentative d'organisation à cet effet débouchera sur des échecs ou conduira au désordre faisant tant dépenser en énergie et pour un piètre résultat. Il nous faut pour cela maîtriser la science de l'organisation, de l'anticipation et de la prévision des choses. Ce livre dont nous avons entrepris la conception depuis le 20 juin 2015, est écrit justement pour donner la voie à suivre afin

---

[3] Nous pensons notamment à l'esclavage, à la colonisation et aux effets de la 1ère et 2ème guerre mondiales.

de sortir notre système d'organisation du travail social de l'anarchie, et de respecter la logique de la rationalité élevée dans la création. La création, puisque nous en parlons n'est pas une imitation ou un savoir-faire techniquement appris auprès de quelque personne, mais une véritable aventure audacieuse de recherche, d'expérimentation et de connaissance utile des choses.

A cet effet, il convient d'observer que nous devons repartir à zéro en toute chose. Ce départ renouvelé doit tenir compte du fait que les problèmes auxquels nous faisons face, sont nombreux et complexes. Se contenter du « déjà fait » ne suffit pas à relever la pente de notre sous-invention en culture et en techno-science. Ce que nous voulons indiquer, c'est que la « troisième révolution industrielle » a remis le monde à plat c'est-à-dire en chantier ; l'Europe, l'Amérique et l'Asie un peu moins que l'Afrique sur le plan de la « cyber-démocratie » et de la réorientation de l'éducation publique. Mais l'Afrique a paradoxalement moins dégringolé que toutes ces sociétés sur le plan de l'éthique en général. Les tares introduites par la cyber-technologie nous obligent à nous remettre en question en tant que société du 21ème siècle tant sur le plan de l'esprit des lois sociales que sur le plan de l'invention et de l'organisation matérielle de notre vie commune. Le défis de reconstructions interpelle en permanence toute société tant il est vrai que chaque génération se doit d'apporter sa « touche personnelle » à ce processus infini. Nous avons donc tout à reconstruire au même titre qu'elles si nous voulons éviter un développement hypertrophié et l'émergence de façade. Oui, nous devons tout reconstruire et le pouvoir de cette reconstruction est entre nos mains : la *Philosophie*. Socrate n'avait pas probablement tort à propos de la Grèce antique lorsqu'il envisage une manière d'améliorer les Etats existants par la création d'une cité idéale : pour cela, dit-il, il faut que les philosophes deviennent rois ou, plus probablement, que les rois deviennent philosophes[4]. Pour ne pas tomber dans les explications confuses, il nous faut préciser dès maintenant que nous ne disons pas que rien ne va dans notre monde actuel du 21ème siècle, mais qu'il ya quelques ratés importants que la « troisième révolution industrielle » a introduit dans nos façons de faire, de penser et d'agir. Le décalage entre le développement de l'avoir et de l'être est si grand qu'il nous faudra tout un siècle voire plus pour le réduire. Cet écart est semblable à celui qu'a connu la société grecque de l'ère socratique et la société occidentale dans son ensemble pendant les siècles ayant précédé les Lumières. Dans ces deux exemples, on sait historiquement que l'une et l'autre société ont mis à contribution la philosophie dans tous ses aspects pour redéfinir et reconstruire une autre humanité que celles qu'elles avaient connues. Il s'agit donc d'une question de génération qui doit prendre en main le flambeau de notre siècle et de notre millénaire afin de les marquer durablement et positivement d'une empreinte philosophique pour nous et pour les générations avenirs. Ce que nous, nous proposons, c'est de mettre à contribution la philosophie pour relever victorieusement un tel défi. A la tête des organisations, que des hommes équilibrés au sens philosophique du terme, prennent les commandements et synchronisent leurs stratégies.

La reconstruction de notre monde signifie à notre entendement, susciter à nouveau le goût de la pratique authentique de la philosophie qui obligera et les uns à réfléchir sur les sciences, les arts, la politique, la morale, la justice, etc., et les autres à trouver des perspectives d'amélioration et de codification. Cela signifie que les premiers acteurs seront des concepteurs et théoriciens avérés dont les propositions devraient être

[4] Cf. *La République* de Platon.

« technoligisées[5] » par ceux que nous appelons les technocrates de l'industrie manufacturée et de l'organisation sociale. Que les écoles de pensée naissent et qu'ainsi leurs écrits soient non seulement conservés dans une sorte de bibliothèque à l'Alexandrie[6], mais aussi accessible à tous.

---

[5] C'est nous qui utilisons ce néologisme pour indiquer la possibilité de se servir technologiquement des recherches issues des philosophies de haut degré.

[6] La bibliothèque d'Alexandrie était la plus célèbre de l'Antiquité ; son histoire est auréolée de légende, au point qu'elle a réussi à incarner le mythe qui voulait rassembler en un seul lieu clos les livres du monde entier. Créée par Ptolémée I Sôtêr, fondateur en Égypte de la dynastie grecque des Lagides et roi d'Égypte (305-283 avant J.-C.), elle fut développée et enrichie par ses successeurs. Zénodote, Callimaque peut-être, et Ératosthène en furent les premiers directeurs. Avec la bibliothèque de Sérapéion, elle aurait compté jusqu'à 700 000 volumes. En utilisant les textes des auteurs anciens qui ont parlé de cette bibliothèque, Luciano Canfora en retrace l'histoire avec brio. Il relate sa fondation, l'accroissement des collections et leur classement, la rivalité avec Pergame et la fin dramatique de cette collection qui nous a privés de textes importants de l'Antiquité classique. L'historien grec, Hécatée d'Abdère, dont des fragments des Histoires d'Égypte ont été recueillis par Diodore de Sicile, visita l'Égypte et la bibliothèque d'Alexandrie, « officine de l'âme », comme l'indiquait une inscription. La bibliothèque venait d'être fondée par Ptolémée Sôtêr sur les conseils de l'homme d'État et orateur athénien, Démétrios de Phalère, réfugié en Égypte après avoir été chassé du pouvoir par Démétrios Poliorcète. Démétrios avait établi que pour rassembler à Alexandrie « les livres de tous les peuples de la terre », cinq cent mille rouleaux étaient nécessaires. Ptolémée demanda à tous les souverains et gouvernants de la terre de lui envoyer les œuvres de tout genre, « poètes et prosateurs, rhéteurs et sophistes, médecins et devins, historiens et tous les autres encore » ; il ordonna aussi de recopier les livres se trouvant sur les bateaux faisant escale à Alexandrie, constituant ainsi le « fonds des navires ». En se fondant sur l'autorité d'Hécatée d'Abdère, Démétrios convainquit le roi de la nécessité d'acquérir aussi « les livres de la loi judaïque » et de les traduire. Le dessein des Ptolémée, mis en œuvre par les bibliothécaires, était de recueillir les livres du monde entier, mais aussi de les traduire en grec. A sa mort, entre 228 et 284, Théophraste légua à Nélée, le dernier des élèves directs d'Aristote, la bibliothèque du philosophe qui comprenait, en particulier, les livres du maître qui avaient été élaborés avec la participation des élèves, pendant les leçons d'Aristote ; mais Ptolémée

Philadelphe ne put obtenir de Nélée la vente, pour la Bibliothèque d'Alexandrie, des documents essentiels. Callimaque tenta, quant à lui, une classification générale des ouvrages conservés à Alexandrie, en rédigeant un catalogue de près de cent vingt rouleaux, intitulé Catalogue des auteurs qui brillèrent dans chaque discipline, ne représentant sans doute qu'un choix, bien que très large, du catalogue complet ; celui-ci ne fut rédigé que bien plus tard, du temps de Didyme. La constitution à Pergame, en Asie Mineure, d'une bibliothèque rivale de celle d'Alexandrie, eut des conséquences néfastes. Des bandes de faussaires offraient des rouleaux de faux textes anciens rafistolés, parfois même de bonnes contrefaçons où l'authentique et l'apocryphe étaient habilement mélangés ; l'histoire de la pseudo Philippique de Démosthène acquise par la bibliothèque de Pergame est exemplaire à cet égard. L'Égypte alla même jusqu'à interrompre l'exportation du papyrus, afin de priver de support la bibliothèque rivale. Pergame réagit en perfectionnant la technique du traitement des peaux. Mais la rivalité des deux bibliothèques était encore bien plus profonde, car elle concernait l'orientation des études, les savants de Pergame s'intéressant au savoir caché des textes anciens, tandis que ceux d'Alexandrie s'efforçaient, par étude du lexique et confrontations scrupuleuses, d'établir un texte aussi exact que possible. Tous les utilisateurs célèbres de la bibliothèque d'Alexandrie défilent sous nos yeux. On lit avec un plaisir particulier les pages relatant le séjour de Diodore de Sicile à Alexandrie et sa méthode de compilation pour rédiger les quarante-deux rouleaux de sa Bibliothèque historique ; celles consacrées à Didyme d'Alexandrie ou à Strabon qui a fourni le plan exact de la bibliothèque. Selon L. Canfora, et sa démonstration emporte la conviction, la bibliothèque ne fut pas détruite pendant l'incendie de la ville, au moment de la campagne de César en Égypte, mais les rouleaux furent sacrifiés, au VIIe siècle de notre ère, par l'émir Amrou Ben Al-As, sur l'injonction du calife de Bagdad. Tout en utilisant les sources les plus sûres, dont un aperçu substantiel est donné en appendice, l'auteur a l'art de rendre vivante et colorée une longue histoire souvent embrouillée, d'en démêler tous les fils. Une parfaite familiarité avec les auteurs anciens lui permet, pour le plus grand plaisir du lecteur, de rendre vivants à nos yeux cette célèbre bibliothèque et ceux qui furent les artisans de son enrichissement puis de sa destruction. Ce livre intéresse l'histoire des bibliothèques, mais aussi celle des idées et de la pensée de l'Antiquité classique. (tiré de Canfora, Luciano. La véritable histoire de la Bibliothèque d'Alexandrie. Bulletin des bibliothèques de France [en ligne], n° 4, 1988 [consulté le 01 avril 2016]. Disponible sur le Web : <http://bbf.enssib.fr/consulter/bbf-1988-04-0334-004>. ISSN 1292-8399.

Trop souvent, nous nous croyons supérieurs aux sociétés d'antan pour la simple raison que nous avons connu la « troisième révolution industrielle », celle de l'informatique. Pourtant, nous oublions que nous sommes, jour et nuit, confrontés aux mêmes problèmes humains qu'elles. Nous sommes plus vulnérables qu'elles devant ces problèmes dans la mesure où elles ont réussi à cerner, à traiter et à stabiliser les problèmes de leurs temps suivant leurs moyens à cette période alors que nous, nous tâtonnons encore. Nous gagnerons plus qu'elles si nous arrivions si et seulement si à tout reconstruire suivant nos modèles de conception ce que la « troisième révolution industrielle » a si bien provoqué.

Pour l'Afrique, notre reconstruction est double dans la mesure où il nous faut d'abord ignorer ou nier notre progrès actuel pour ensuite bâtir une nouvelle humanité, nous mettant ainsi à la fois au sommet moral et matériel des conditions d'existence. La philosophie permet à cet effet d'ouvrir les perspectives de réflexion et de refermer dans un vase clos les résultats de la recherche. Autrement dit, la philosophie nous permet de susciter le génie endormi en l'homme, de chasser la paresse qui est la mère de tous les vices et de faire de lui un inventeur aux principes moraux justes et générateurs de la paix en société.

Par définition, l'homme parasite est un type d'homme qui s'incorpore dans nos mentalités, attitudes et habitudes. En prenant possession de notre esprit, il nous abrutit, rend inapte mentalement et parfois physiquement à beaucoup de choses. Nous devenons en fait un vrai parasite dépendant des autres même en pensées. Si chacun arrive à s'éveiller et à se libérer de l'homme parasite ou pour emprunter l'expression de Platon, à « sortir de la caverne », on pourrait connaître un regain de l'esprit philosophique. La philosophie est l'antidote de la « parésie[7] » mentale par excellence. On pourrait ainsi dire comme aux siècles des Lumières[8] « Aude sapere » c'est-à-dire « Ose te servir de ta raison » pour apporter à l'humanité un peu plus du génie qui gît en toi et en tes progénitures. Le miracle que la génétique est capable d'opérer en produisant diverses espèces par méthodes de croisement, la philosophie peut le faire aussi sur le plan de la stimulation et de la détection des talents par méthode dialectique[9]. Car il nous faut souligner que le monde n'a été véritablement bâti que par des génies, par ceux que nous appelons les inventeurs dont la plupart ont passé plusieurs de leurs temps à cogiter et à réaliser des expériences. Mais qu'est-ce que le génie ? Selon Descartes, le génie gît en chaque personne, car dit-il, « Le bon sens est la chose du monde la mieux partagée[10]. » Le génie signifie donc au sens propre du terme « être doué d'aptitude ». Les inventeurs qui ont façonné le monde se comptent par milliers et dans tous les domaines du savoir, savoir-faire et savoir-être. En ramenant ces domaines à une classification de trois à savoir : techno-science, éthique et artistico-culturel, nous pouvons citer quelques illustres auteurs. Nous avons ainsi Copernic, Newton, Einstein, Claude Bernard sur le plan de la techno-science ; Socrate, Platon, Aristote, Montesquieu, Jean Jaques Rousseau et Kant sur le plan éthique et Beethoven, Mozart, Picasso, Manu Dipango et bien d'autres grands architectes sur le plan artistico-culturel. Certains plus que d'autres furent reconnus à titre posthume en raison de leur avance d'esprit sur leur société.

---

[7] En médecine : paralysie partielle entrainant une simple diminution de la force musculaire.

[8]Le mot "**Lumières**" désigne métaphoriquement le mouvement intellectuel qui caractérise le dix-huitième siècle européen.

[9] Cf Platon dans le Philèbe.

[10] Disc La Fontaine est un naturaliste plein de fantaisie, sans souci de la vérité [...]. Mais [...], c'est un peintre animalier de grande valeur." (René Bray Les "Fables" de L.F.)

C'est le cas de Galilée par exemple. Le risque que nous prenons en rédigeant ce livre est identique au leur ; car il s'agit pour nous de faire voir de manière iconoclaste et courageuse les négligences de notre système social et des politiques de développement publiques d'une part, et d'autre part, les conséquences néfastes vers lesquelles elles nous entrainent et contre lesquelles nous devons nécessairement agir sous peine de devenir une pierre d'achoppement pour nous-mêmes et pour nos progénitures. Le risque que nous prenons signifie aussi que nous nous attendons aux critiques virulentes fondées ou éristiques ; aux résistances *a priori* de quelques-uns de nos contemporains et même de nos successeurs à nos idées et analyses. Enfin, nous nous exposons à la haine de ceux qui se verront gêner par nos propos ; à ceux qui verront leurs intérêts égoïstes diminués parce qu'ils vivent selon l'expression de La fontaine dans la *Fable* du « corbeau et du renard[11] » comme « Tout flatteur (qui vit) au dépens de celui qui l'écoute. »

Qu'il nous soit permis aussi de rappeler ici une autre fable de Lafontaine pour illustrer le rapport du parasite à l'inventeur ou mieux du travailleur intelligent au paresseux intellectuel. Il s'agit de la fable de « La Cigale et la fourmi. » La Fontaine nous dit en effet :

La Cigale, ayant chanté
Tout l'été,
Se trouva fort dépourvue

---

[11] Maître Corbeau, sur un arbre perché, Tenait en son bec un fromage. Maître Renard, par l'odeur alléché, Lui tint à peu près ce langage : "Hé ! Bonjour, Monsieur du Corbeau. Que vous êtes joli ! Que vous me semblez beau ! Sans mentir, si votre ramage Se rapporte à votre plumage, Vous êtes le Phénix des hôtes de ces bois." A ces mots le Corbeau ne se sent pas de joie ; Et pour montrer sa belle voix, Il ouvre un large bec, laisse tomber sa proie. Le Renard s'en saisit, et dit : "Mon bon Monsieur, Apprenez que tout flatteur Vit aux dépens de celui qui l'écoute : Cette leçon vaut bien un fromage, sans doute. " Le Corbeau, honteux et confus, Jura, mais un peu tard, qu'on ne l'y prendrait plus.

Quand la bise fut venue.
Pas un seul petit morceau
De mouche ou de vermisseau (1).
Elle alla crier famine
Chez la Fourmi sa voisine,
La priant de lui prêter
Quelque grain pour subsister
Jusqu'à la saison nouvelle.
Je vous paierai, lui dit-elle,
Avant l'août (2), foi d'animal,
Intérêt et principal.
La Fourmi n'est pas prêteuse ;
C'est là son moindre défaut (3).
Que faisiez-vous au temps chaud ?
Dit-elle à cette emprunteuse (4).
Nuit et jour à tout venant
Je chantais, ne vous déplaise.
Vous chantiez ? j'en suis fort aise :
Et bien ! Dansez maintenant.

Dans l'un ou l'autre récit, il ya dualité d'actants dont l'un dépend de l'autre. La fourmi et le corbeau représentent pour nous les travailleurs-inventeurs, toujours actifs et sans ennuis tandis que le renard et la cigale sont deux espèces de parasites qui ne vivent qu'aux dépens d'autres par des mots et chants flatteurs. Ce même constat se dégage de la vie des plantes parasites comme la fougère[12] et le champignon. En biologie, le parasite est l'être vivant qui puise les substances qui lui sont nécessaires dans ou sur l'organisme d'un autre

---

[12] Plante vasculaire sans fleurs ni graines, constituée d'un rhizome produisant des tiges aériennes, dont les feuilles (ou *frondes*) portent des organes sporifères *(sporanges)* sur leur face inférieure. (Certaines fougères tropicales sont arborescentes ; ordre des filicales, classe des filicinées.) Fougère aigle : fougère d'une espèce commune en forêt, aux très grandes frondes finement découpées qui se dessèchent en automne. (Hauteur 1,80 m ; genre *Pteridium.*)
Copyright (©) Larousse 2008

appelé hôte. Dans cette relation, il suffit de détruire l'arbre principal pour constater que l'autonomie de vie du parasite est nulle. De même, la personne qui, parvenu (e) à l'âge adulte, ne réfléchit pas par elle-même à sa condition de vie et à celle de la collectivité est un parasite. Elle est en tant qu'être humain diminué à ses propres yeux et aux yeux des autres. Le parasite humain ne prend pas ou prend très peu de temps pour réfléchir à sa condition d'existence. Il croit bonnement à tout et de manière naturelle. Difficile donc d'extraire un tel homme de sa « caverne ». L'homme parasite trouve l'exercice réflexif comme un chagrin. Par contre, il raffole les produits de ce qu'il répugne. Téléphone portable de dernier cri par ci, habillement friperie, objets qui sont pourtant le fruit de l'invention, donc de la recherche appliquée. Avec ces produits manufacturés, il se retrouve aux restaurants tourne dos matin, midi et soir au milieu de détritus et décombres puants pour consommer le plus souvent beignets, haricot, bouillie, pain, riz-sauce tomate, poisson et couscous. Les étalages d'aliments cuits sont exposés aux intempéries de toutes sortes. Il ne réfléchit pas sur ce qui produit le feu, sur comment croît le haricot et surtout sur comment ne plus manger au milieu d'un tas d'ordures où mouches et autres insectes nuisibles ont établi leurs nids. Quand on tente de l'éclairer, il évoque le mépris et la coutume pour se justifier et continuer à vivre ainsi. Mais la même personne, déplacez-la et laissez-la vivre durant un temps raisonnable dans un milieu moderne et huppé où il reçoit l'éducation, la bonne qui élève l'esprit, il prend progressivement conscience de son ignorance et apprécie les merveilles de l'éducation comme un enfant qui vient de découvrir le secret d'un jeu. Avec entrain, il explore le pouvoir de son intelligence. Ainsi avec le temps, il sort progressivement de l'existence obscure, des abus, de la tyrannie des coutumes et traditions pour entrer dans la modernité philosophique. Il éprouve le plaisir à manipuler l'ordinateur, les concepts, à tenir son environnement propre et à améliorer sa condition de vie de jour au jour par l'exploration de soi et de son environnement.

Puis essayez *a posteriori* de le ramener à sa condition initiale, il ne voudrait plus jamais y retourner. Son langage change, son style de vie morale et sociale aussi. Il comprend dès lors qu'il ya monde et monde ; que les niveaux de vie sont fonction non pas des avoirs, mais des niveaux d'éducation. C'est en ce moment que sa raison devient autonome et s'émancipe. Il résout les problèmes par lui-même et de manière intelligente. Qu'il ait ou pas voyagé dans les autres pays, il les comprend comme s'il les avait côtoyés de bout en bout. Ce qui reste secret pour lui, ce n'est que le haut niveau de la technologie. Il peut à partir des seules possibilités que lui offre son environnement, innover et créer un nouvel ordre qu'il jugera agréable. Il développerait les techniques qui lui permettraient d'aller encore plus loin dans la connaissance de la nature et de la culture. Il peut tirer ses propres maximes, inventer les instruments de facilitation de ses recherches. Le boulevard de connaissance qui s'ouvre devant lui est si grand qu'il se doit de se spécialiser. Mais cela ne signifie pas que les autres lui échappent complètement. Il a au moins leurs aperceptions au sens où l'entend Leibniz. Il ne retournera plus jamais de son gré à ses anciennes et mauvaises habitudes même si on lui faisait un lavage de cerveau.

2- Quel secret y a-t-il alors dans l'éducation systématisée ?

La réponse se trouve dans la philosophie grecque notamment dans celle de Platon et d'Aristote dont l'un créa l'Académie et l'autre le Lycée. La même logique a été suivie par les philosophes des Lumières. Ces derniers se sont regroupés en cercles de réflexion bien coordonnés par des intellectuels équilibrés ayant à l'esprit l'unité des savoirs, la capacité à les produire et à les mettre en réseau pour le bien de l'humanité. Ces anciens de la philosophie nous ont montré les fondements des problèmes qui demeurent en chaque génération humaine. Leur ardeur au travail a pu faire sortir l'humanité de l'obscurité et créer une sorte de « civilisation des mœurs [13]» au sens où l'entend le sociologue Norbert Elias. Même la barbarie hitlérienne du 20ème siècle ne gomma pas les traces de ces savants. Au contraire, la guerre les a dispersés dans l'Europe et aux USA où ils ont continué à développer leur savoir et à communiquer en réseau. Ce fut le cas des penseurs de l'école de Frankfort[14]. Ainsi, même les « dieux » ne leur refuseront pas cette reconnaissance. Notre monde du 21ème siècle et du troisième millénaire est au fond identique aux leurs. Il s'en diffère seulement par ses formes. Notre monde contemporain connaît la même césure distinctive entre le

[13] C'est le titre de l'un des ouvrages de Norbert Elias.

[14] Chassée par les Nazis en 1933, une poignée d'intellectuels juifs et marxistes venus de Francfort parvient à se réfugier aux Etats-Unis. Vingt ans plus tard, ils vont dominer la vie intellectuelle américaine et allemande. Note tirée de du journal *Le point* « La sagesse grecque. Les textes fondamentaux, n° 8, juin 2011, p.107.

« monde sensible » et le « monde intelligible ». Par conséquent, le travail de l'inventeur d'aujourd'hui est d'analyser les rapports de ces deux mondes et d'aider à la reconstruction de la société qui vacille peu à peu sous l'effet de la « troisième révolution industrielle ». C'est dire que chaque invention entraine avec elle les tares de la nouvelle société. Mais au fond, ce n'est pas l'invention qui fait problème. C'est plutôt l'usage qu'on fait des résultats de l'invention. Il vaut mieux à cet effet être l'inventeur au lieu d'être simple consommateur ou utilisateur des inventions.

Dans cette perspective, les variations de niveau de culture obligent à relativiser et à remettre dans son contexte le problème de l'amélioration ou de la réduction des effets destructeurs du « monde sensible ». Dans les sociétés africaines que nous semblons mieux connaître, l'espace du « monde sensible » est grand. Ce qui voudrait dire que l'ignorance y est encore grande en comparaison aux sociétés occidentales. Cette ignorance ne se mesure pas par rapport à la somme des connaissances des éléments culturels de notre milieu ni de la nature qui nous environne (connaissances empiriques de la nature), mais à la manière dont l'intelligence est développée pour répondre ou s'adapter aux influences extérieures ou à les transformer. En effet, le « monde sensible » selon Platon n'est rien d'autre que le monde de la fluidité des rapports sociaux quotidiens. Les lieux chauds où se déroulent ces rapports sont entre autres les marchés, les hôpitaux, les écoles, les gares-voyageurs ou tout simplement les rues dans les villes ou les places publiques dans les campagnes. La vie sensible caractérise donc ce monde et l'on se préoccupe peu de l'âme dans ces interactions permanentes. La difficulté est que la masse de population utilisant pourtant les produits de la « troisième révolution » est encore illettrée et sous-éduquée. Elle s'aliène ainsi dans les modes d'utilisation de ces produits. On en finit plus à décrier quotidiennement les méfaits de cette révolution sur les enfants, les jeunes, les femmes et hommes adultes ou vieillards notamment en termes d'utilisation de téléphones portables, d'internet et des supports baladeurs de l'informatique. Ces instruments récepteurs et émetteurs des informations pervertissent les gamins et les adultes les mettant ainsi dans une sorte de « caverne mentale ». On murmure ces problèmes engendrés par la « troisième révolution » dans les rues, les cercles religieux, les familles et dans les dissertations des élèves et étudiants sans véritablement décider de l'étudier à fond afin de redéfinir notre boussole de vie. En Afrique, faut-il le préciser, le problème n'est pas seulement celui des méfaits de cette révolution, mais aussi celui de notre propre développement dont on cherche désespérément la véritable formule. Ces problèmes, nous les distinguons en deux : le développement moral de notre société d'une part, et celui de notre développement infrastructurel d'autre part.

Le premier découle du peu d'intérêt que nous accordons à la philosophie critique de nos coutumes, traditions et nouvelles religiosités ; le deuxième découle du peu d'intérêt que nous accordons à la question de l'organisation rationnelle et rationalisée du travail social. Le premier problème engendre inévitablement la complexification des rapports de sexe, de la libération de la femme, de la « tyrannie des coutumes et des traditions » comme le dit Bertrand Russel. Le deuxième problème posé engendre l'incohérence des actions de développements, l'incoordination et l'anarchie organisationnelle tant sur le plan économique que sur le plan politique.

De nos jours, même les jeunes intellectuels de nos Etats succombent au piège de la valorisation aveugle des coutumes notamment celles qui régissent le mariage, le maraboutage, la corruption « stérile », l'initiation, les scarifications, les rites de veuvage, de la polygamie, de la naissance et de la mort. L'anarchie de l'organisation quant à elle est responsable des bidonvilles, des croissances non planifiées des villes, des marchés, de la dégradation des infrastructures publiques, etc.

Dans les rues et les marchés, on rencontre très souvent les gens qui font « pis pis [15]» partout et à travers, bousculant sans excuse les autres et sans tenir compte de l'aspect public du lieu. Si ce tableau peint apparaît sombre, il ne demeure pas moins vrai qu'il existe des points positifs. Bien des gens savent éviter le piège de l'apparence, du désordre et de la philosophie spontanée. Ceux-là font encore la fierté de notre société et méritent d'être positionnés à la tête des institutions pour assurer leurs fonctionnements optimaux. La politique est avant tout d'essence philosophique et par conséquent juste. Cette précision ne vaut pas seulement pour les institutions où interviennent les civils, mais aussi pour celles qui ont pour but la formation des militaires et autres hommes de sécurité. Le travail à confier à ces illuminés de l'esprit serait de conjuguer les efforts des uns et des autres pour le bien-être de la société. Il n'est point question de les considérer comme les infaillibles. Ils sont vulnérables comme tout homme. Mais c'est de tels hommes qu'il faut pour sortir notre société du « sous-développement ». En effet, l'inventeur est courageux ; il ose alors que le parasite est craintif, il n'ose pas. Parce que la philosophie est la « matrice de l'univers scientifico-technique[16]», elle doit déterminer le fondement et l'orientation d'une civilisation, grand ensemble dans lequel se rangent toutes les productions sociales, tout système de pensée, toute l'organisation, toute orientation et toute action historique ; elle doit être le noyau de notre civilisation et de notre éducation.

En tant que telle, la philosophie fait partie intégrante des systèmes culturels ou civilisateurs. Nous schématisons le rapport de la philosophie à l'ensemble des autres éléments culturels de la manière suivante :

---

[15] Acte d'uriner

[16] Marcien Towa, *Essai sur la problématique philosophique dans l'Afrique actuelle*, Editions CLE, Yaoundé, 2000, p. 7.

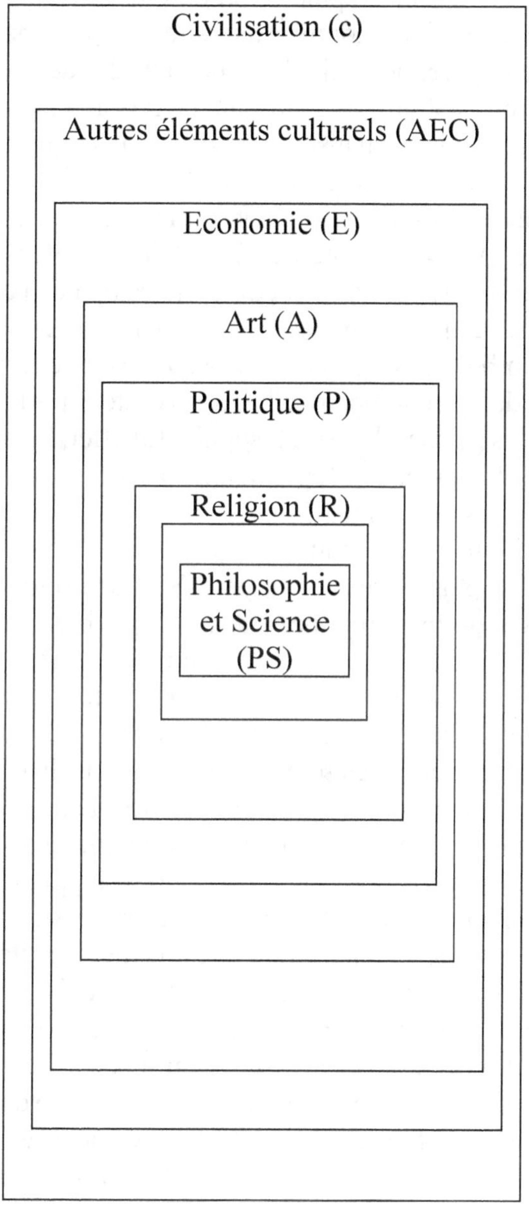

Interprétation du tableau : (P et S) sont incluses dans C et en sont l'élément déterminant. Elle est en relation avec E, R,

P, AE. Ainsi, la Philosophie est la totalité des arts de l'esprit comme l'a si bien montré Héraclite, le précurseur de la philosophie grecque. Elle a pour but de développer les potentialités de l'âme c'est-à-dire la raison et de fixer les règles de l'organisation juste de la société. Par conséquent, elle apparaît comme le super art constituant l'unité de tous les autres arts de l'esprit. De manière métaphorique, elle est à l'ensemble des savoirs, ce que le soleil est à l'ensemble de l'univers. Ses rayons doivent être projetés un peu partout afin que soient éclairées directement ou indirectement toutes les zones d'ombre de notre humanité. Mais, comme le soleil, son éclairage doit être tempéré. Chaque inventeur porte en lui un rayon ou les germes de la philosophie. En effet, les anciens de la philosophie grecque et égyptienne ont posé et analysé avec pertinence les problèmes fondamentaux de l'humanité. Les pères de l'église des débuts et fins Moyen-âge l'ont fait de même avec plus ou moins de succès. Les philosophes des Lumières leur ont emboité le pas. Dans bien nombre de domaines, nombreux sont ceux qui ont laissé l'héritage intellectuel sur lesquels les chercheurs de tous les coins du monde se sont appuyés pour développer de « nouveaux savoirs ». Ces domaines sont variés. Toutefois, la technologie constitue le creuset où la plupart des chercheurs voient leurs œuvres scientifiques mises en application afin de résoudre un problème particulier lié au développement. Par développement, nous entendons ici le processus par lequel l'homme invente un cadre de vie qu'il juge meilleur que le précédent. Mais à côté de ceux qui ont œuvré dans la science, la technologie, il ya les grands spécialistes de l'éthique et de l'organisation politique. L'histoire en a retenu dans chaque domaine de savoir et sagesse. Certains se sont effacés simplement du fait de la rupture des rapports entre les générations et de la « lutte des classes » au sens marxiste du terme. En marge des inventeurs qui font avancer la société, il ya une masse d'individus consommateurs et parasites qui disparaît de l'existence dans l'ignorance totale. Ils n'ont au sens hégélien du terme que leurs corps et leurs ventres à nourrir. Ils font abstraction de tout effort de réflexion inventive. C'est pourquoi ils sont enchaînés au fond de leurs cavernes d'ignorance. Ne pouvant se libérer, ils subissent la tyrannie et les abus de toutes sortes. Ces choses les aliènent et ils se plaisent à s'aliéner eux-mêmes par leurs actions historiques. Dans cette masse des parasites, il y a ceux qui y sont du fait de leurs choix délibérés et d'autres par les contingences des forces historiques. Un enfant qui ne reçoit par exemple aucune éducation de base digne de ce nom est condamné à vivre comme un parasite ignorant ses potentialités intrinsèques et le bonheur d'une vie éclairée. Par contre, les parasites naturels se plaisent malgré les chances d'évolution spirituelles qui leur sont offertes à demeurer dans la paresse. Ainsi, chaque société a les parasites qu'elle mérite. Il ya dans la masse ceux qui font l'effort de se rapprocher de l'inventeur, mais ils sont empêchés par les vicissitudes de la vie ambiante. Il y a ceux qui également sombrent dans une dépendance totale vis-à-vis des autres. Le type d'homme parasite dont nous parlons est celui qui est né avec la modernité. Il se contente des activités préfabriquées par d'autres pour assurer sa survie. Il ne réfléchit pas à la possibilité de l'améliorer. L'homme parasite moderne est présent dans les sociétés aussi industrialisées que non industrialisées. Il est à la fois obnubilé et émerveillé par les inventions. Sa résignation le conduit très souvent à des exclamations du genre « On va faire comment. » Il ne tente de développer aucune perspective critique et constructive du système dans lequel il vit. Quand il se met en colère, il utilise des discours anonymes non pas pour apporter du sien, mais pour injurier arrogamment avec des expressions telles qu'« Ils sont comme ça ; ce sont eux, les gens là sont mauvais, etc. » Sa critique est contre tout et rien. Quand on le sonde par rapport à ce qu'il peut proposer, il ne dit rien et manifeste l'ignorance caractérisée. Il se contente des formalités oubliant l'essentiel qui doit développer son être présent et futur. Il prend toujours des prétextes fallacieux pour échapper à l'effort inventif. Ses excuses sont : « Je n'ai pas appris ; ça ne me regarde pas ; qu'ils fassent comme ils veulent. » Il écoute passivement les autres, mais critique violemment en secret. Le sens de la dialectique n'existe pas chez lui. Il croit que tout a été fait par déterminisme et devrait se poursuivre fatalement. En résumé, l'homme parasite est une peste pour sa société. Il la gangrène de corruptions nocives, des vices de toutes sortes, des mœurs dépravées et constitue pour elle un fardeau plutôt qu'un avantage. Il prétend être responsable parce qu'assurant les besoins biologiques de sa famille par un revenu quelconque. Ses projets de vie ne dépassent le simple stade des avoirs en construction des bâtiments au village, en l'achat des voitures, en la multiplication et la manipulation des partenaires sexuels ; avoirs dont il ne sait trop souvent que faire après obtention. Il tourne alors en rond et retrouve au crépuscule de sa vie de fonctionnaire ou de salarié d'entreprise, la même misère et angoisse existentielle. Il aime le travail administratif mécanique et répugne le travail manuel.

Il est déraciné et manque ce que le philosophe Nietzsche appelle la « volonté de puissance ». Il exécute tout ce qui est défini comme tâche pour lui et ne peut lui-même en définir une. Les solutions aux problèmes il les contourne, esquive les tâches de réflexion parce qu'elles sont difficiles. Il espère qu'un autre le fera pour lui et qu'il en profitera comme un parasite. Ainsi, l'homme parasite est aliéné par ses propres défauts. Dans les pays industrialisés comme dans les pays en voie de développement, on retrouve les types d'hommes parasites sous les mêmes traits.

3- Définition et comportement de l'homme parasite

L'instinct inventif est en chacun de nous et nous nous en servons quotidiennement à des degrés inférieurs ou supérieurs pour résoudre nos problèmes quotidiens de survie : nourriture, abri, déplacement, attaque, défense, coopération, amitié, bien, mal envers autrui, etc. Cet instinct inventif n'est rien d'autre que la raison ou le bon sens dont Descartes dit qu'il est « la chose du monde la mieux partagée[17] ». Mais très tôt, beaucoup de gens ont tué volontairement ou involontairement ce génie en eux se contentant uniquement de le mettre à contribution que dans des situations inférieures de leurs existences. Ils sont tombés dans la catégorie de ceux que nous appelons ici le parasite moderne. Dans la logique philosophique, nous considérons l'homme parasite comme une personne qui a inhibé et hypothéqué sa liberté de penser et d'entreprendre. Il raisonne par procuration. La liberté de penser ici doit être prise au sens du « cogito » de René Descartes c'est-à-dire celle qui conduit à l'affirmation du « je » en tant qu'être doté de raison et capable de renverser par lui-même toutes les choses qui lui ont été enseignées dès l'enfance et d'en établir d'autres desquels il peut tirer ses propres maximes de vie et contribuer au développement de l'humanité du troisième millénaire. Malheureusement les types d'hommes parasites sont les plus nombreux dans toutes les sociétés. Ils tirent toujours ces dernières vers le bas. Et, quand bien même leurs enfants essayent de s'écarter de leurs voies, leurs aveuglements intellectuel et moral les ramènent au point zéro. Ils se

[17] Cf *Discours de la méthode*, p. 7.

comportent en gaspilleurs, mais n'aiment pas amasser et créer. Les parasites des pays sous-développés sont plus nombreux que ceux des pays en voie de développement en raison de l'inégalité d'accès à l'éducation et aux infrastructures de base et modernes très accrue dans ces pays en voie d'émergence ou en voie de développement. Même quand l'homme parasite moderne des pays en voie d'émergence réussit à faire l'école, il ne la fait pas comme le parasite moderne des pays développés. Ce qui importe chez le parasite moderne des pays en voie d'émergence, c'est le culte du diplôme, les réseaux d'insertion professionnelle sans qualification dans l'administration publique, les institutions et entreprises privées. Bref, c'est l'immédiateté de la chose de l'école qui compte pour lui à savoir le diplôme avec lequel il peut être recruté, mais auquel il ne peut apporter une valeur ajoutée. Le ventre et le bas ventre sont la finalité ultime de ses actions. Ce qu'il peut inventer de ses propres initiatives, il n'en a que foutre. Appelez-le par exemple pour réfléchir et inventer, il trouvera des excuses pour fuir. Mais appelez-le par contre pour manger et danser, il accourt. Les parasites modernes de notre société contemporaine aiment rester sous la dictature et la dépendance des grands esprits inventeurs. Et si par effraction, ils accèdent à un poste de commandement ou de conception, ils brilleront par l'incompétence et l'orgueil, et c'est la catastrophe. Ce que nous voulons dire et faire comprendre, c'est que le parasite vit toujours aux dépens des autres. Il ne fait aucun effort réel pour s'en émanciper. Il est frileux et friand des choses luxueuses d'autrui sans chercher à créer lui-même.

Quand il se trouve dans le secteur de l'éducation, il ne fait rien pour l'améliorer. Au contraire, il l'appauvrit et le pervertit par des comportements et enseignements indignes donnant ainsi l'image d'un mauvais enseignant. Alors, l'homme parasite moderne est un malade d'esprit dont il faut nécessairement traiter si l'on veut faire de lui une personne utile de notre société contemporaine. Car il est aliéné. Il se présente comme le grand malade du système capitaliste mondial. Il sécrète de comportements ennuyeux pour ses semblables. Il a une conscience endormie et subit l'orientation que les autres lui donnent. Dans les pays sous-développés, la situation de l'homme parasite moderne est plus critique non seulement en raison de leur effectif élevé, mais aussi parce que les parasites vivent dans ces pays dans une totale résignation sans la moindre motivation à sortir de cet état. Il ignore le passé, méprise le futur (le lendemain aura soin de lui-même) et espère seulement vivre l'instant présent. Il n'entre pas en dialogue réel avec lui-même et avec les autres pour perfectionner sa raison. Il se laisse séduire par les facilités des sectes et des « feymens ». L'expression de l'humanité se réduit uniquement pour lui à sa personne ou à celle de sa famille. Il passe son temps aux discussions futiles sans rapport réel avec ses convictions et besoins. Il devient un amuseur de la galerie. Et ce n'est pas à tort de le comparer aux objets de musée devant servir de distraction aux touristes. Car dans la société qu'il habite, il semble être négligeable en termes de contribution à la concorde et à l'évolution de cette société. Ni la civilisation des mœurs ni l'ingéniosité technique et scientifique ne le concerne. C'est pourquoi il disparaît comme il est venu dans le monde.

Pourtant, le monde a besoin aujourd'hui des grands savants de la trame de Platon, d'Aristote, de Copernic, de Kepler, de Newton, de Einstein ou de Cheikh Anta Diop entre autres. Ces savants, le monde en a besoin plus précisément pour notre siècle et pour l'émergence des pays en voie de développement pour faire bouger les grandes lignes de nos sociétés comme il convient à chaque siècle et à chaque millénaire. En effet, nous voyons partout des agitations des titres, des grades, des médailles pour les intellectuels. Mais quant à leurs effets réels de développement sur notre être et notre avoir, on n'aperçoit que l'ombre. Même les domaines comme ceux de l'art et de la littérature, ce sont les œuvres des grands savants du siècle passé qui continuent à faire autorité. Tous les intellectuels des pays en voie d'émergence sont ou se sont transformés en administrateurs et par conséquent en parasites modernes. Leurs temps de recherche et d'invention étant quasi réduit et aliéné, ils ne peuvent que se contenter de bricoles sans aller en profondeur des efforts qu'exige un travail d'invention digne de ce nom, c'est-à-dire digne de révolutionner le monde ou une partie. Les maîtres de la pensée n'ont plus de véritables disciples et les disciples présupposés s'auto forment parce que les maîtres sont sans projet de formation et de création. La pression du capitalisme moderne duquel les pays en voie d'émergence tirent moins de bénéfice oblige tout le monde à la servitude de l'argent et personne ne prend conscience de son effet sur notre temps d'invention. Le travail capitaliste n'a de sens que parce qu'il donne de l'argent. Il oblige les potentiels intellectuels des pays à être toujours entre deux avions, voitures ou trains. Le temps de suivi des disciples est quasi nul.

Par ailleurs, la philosophie de la vie au sens de la perfection de la raison tend à disparaître pour laisser place à la philosophie de la perfection du corps ou à la philosophie de « feymen » appelée « feymanie ». Ainsi, les gens sont encore partout enchainés par des fers c'est-à-dire par l'intensité de la vie nerveuse au fond de la caverne sociétale moderne au sens platonicien du terme. Quand on aborde une discussion sérieuse avec ceux que l'on croit *a priori* instruits et équilibrés, on les trouve toute de suite évasifs, peu conciliants avec eux-mêmes. Ils ne font pas l'effort de traiter les problèmes dans leurs logiques réelles et avec la rigueur qu'ils requièrent. Conséquence, on survole le traitement des problèmes qui se posent avec acuité à nous tant sur le plan organisationnel que celui de la production des idées. C'est la société tout entière qui en souffre plus tard.

4- L'homme parasite dépendant de l'homme inventeur

Le rapport du parasite à l'inventeur est un problème. Ce problème se pose en termes de formation, d'emploi, de morale, d'argent, d'échanges, de communication, de santé et de religion, etc. Car le cercle vicieux dans lequel se sont inscrits l'inventeur et le parasite de notre temps apparaît préjudiciable à l'un et à l'autre. Les techniques de codification des inventions aujourd'hui inquiètent plus qu'elles ne rassurent dans la coopération des Etats et la société des savants. Pourtant, les inventions sont le patrimoine de l'humanité en raison des bienfaits qu'elles apportent à tout homme. Qui nierait par exemple aujourd'hui que le téléphone portable est utile à l'inventeur qu'à la plus vieille grand-mère qui se trouverait aux fins fonds d'un village d'Afrique ou d'Asie ? Ou que l'électricité et son système d'éclairage augmentent considérablement le bonheur et la capacité de travail de l'homme ? C'est donc dans une sorte de révolte d'esprit que j'ai envie de m'adresser aux hommes de toutes les générations présentes et avenirs pour leur dire qu'il faut sortir de la vie les mauvais fantasmes et les mauvais sorts. En effet, partout je les observe très assoupis, oisifs, divaguant à longueur de journée et se contentant de vains commentaires sur ce que les autres ont inventé ou pris comme initiative au lieu de réfléchir, de se mettre au travail et d'innover pour améliorer à l'infini leurs propres conditions de vie. Ils ne font rien que de vivre comme de « bêtes » qui n'ont que leurs corps à conserver au sens où l'entend Aristote et Hegel. Trop de temps vides leur sont accordés pour qu'ils s'aliènent dans l'oisiveté intellectuelle, les stupéfiants, les bières et les liqueurs fortes. Ce temps d'oisiveté leur permet ainsi d'inventer à répétions des vices et des loisirs pervers de toutes sortes : acrobatie sexuel, médisances, sectes, « feymanie », nourrir les préjugés sur les autres, s'excusant en tout et renvoyant toute faute sur autrui. Par de telles pratiques et attitudes, ils appauvrissent la société et participent ainsi activement sur ce plan à son dépérissement moral et intellectuel. Pourtant, un peu de regards inventifs autour d'eux indique qu'il ya à faire et même trop à faire tant sur le plan de la perfection morale, spirituelle que sur le plan du développement socio-économique. Le monde est une construction permanente dont la tâche incombe à chaque génération. Alors mes chers concitoyens, qu'est-ce qui vous a tant envoûté au point où vous devenez tous comme des parasites, au point où vous enterrez vos dons, vos génies, vos talents d'inventeurs au lieu de les cultiver et enrichir l'humanité dont vous faites partie ? On dirait qu'un mauvais sort vous a été lancé. Non. Vous créez vous-mêmes vos propres fantasmes de résignation et vous y croyez. Je sais ce qu'il vous faut pour vous réveiller de vos sommeils dogmatiques et faire de vous des hommes travailleurs et inventifs. Les lois qui nous gouvernent dévorent parfois nos forces, nos intelligences, car elles sont complexes et sont appliquées comme une *épée de Damoclès*[18] au-dessus de nos têtes. Elles ne laissent guère notre génie s'éclore convenablement. Ne dit-on pas qu'on fait des lois pour s'épanouir, être libre et se rendre prospère ? En tout état de cause, c'est le modèle de contrat social voulu par Rousseau et dans lequel il me semble que nous nous sommes formellement engagés. Oui, nous sommes une société de formalité et de formalisme. Nous durcissons inutilement nos lois. Les lois

---

[18] (IV siècle av. J.C.), courtisan de Denys l'Ancien. Pour lui montrer la précarité du bonheur, son maître l'invita à un festin et Damoclès aperçut au-dessus de sa tête une épée suspendue au plafond par un crin de cheval. L'expression *épée de Damoclès* désigne alors une menace permanente.

quand elles sont bonnes doivent favoriser notre épanouissement, notre développement harmonieux et garantir nos vies et celles de nos enfants. Elles doivent être conquérantes vis-à-vis de la nature, souples, simples entrouvertes afin de favoriser son enrichissement par d'autres expériences. A l'observation, les Etats-Unis, le Canada, l'Allemagne, la France et presque tous les autres pays de l'Europe l'ont compris. Ils ouvrent gracieusement par le biais de l'émigration leurs portes aux inventeurs venus d'ailleurs et repoussent, à l'exception de certains réfugiés, tous ceux qui sont considérés à leurs yeux comme des parasites, des fardeaux inutiles à nourrir, héberger et surveiller. De quoi s'enrichissent ces pays ? Sinon de nos intelligences, de nos forces de travail au moyen des lois souples, flexibles qu'ils contrôlent à souhait. Chacun y travaille sans cesse pour améliorer aussi bien son train de vie que celui de la collectivité. Je sais ce qu'il vous faut mes sœurs et frères d'Afrique et des autres pays du Tiers-monde comme Haïti et certains de l'Asie ou Amérique du sud. Il vous faut un homme à la dimension de Solon, de Lycurde, de Platon, d'Einstein, etc., ces législateurs grecs de l'Antiquité et autres inventeurs qui ont dressé pour leurs patries respectives, des lois justes pour le fort et le faible, pour le vilain et le noble en rendant agréable la vie en collectivité.

En effet, Solon écrit ceci pour sa patrie :

> *Notre ville ne périra jamais par la volonté de Zeus et de l'avis des dieux bienheureux. Elle est aussi protégée par la fille illustre de Zeus, Pallas Athénienne, gardienne vigilante, qui la défend de ses mains. Mais des citoyens insensés, avides de richesses, veulent eux-mêmes détruire cette puissante cité. Les chefs du peuple rêvent le crime et pour leur insolence extrême ils sont menacés de grands châtiments. Ils ne savent pas contenir l'orgueil ni gouter avec tranquillité les plaisirs d'un festin.*
>
> *Ils cherchent à s'enrichir par des actions injustes. Ils ne respectent ni les propriétés sacrées ni le trésor public ; ils*

s'enrichissent en se volant l'un l'autre et n'ont aucun souci des saintes lois de la justice. Mais si la justice se tait, elle garde le souvenir de ce qui s'est passé et de ce qui se passe, elle vient à son heure et châtie les coupables.

C'est ainsi qu'une plaie incurable s'est étendue sur toute la cité qui est tombée tout à coup en une affreuse servitude ; alors est née la guerre civile, les haines assoupies se sont réveillées et beaucoup de citoyens ont péri à la fleur de l'âge. Attaquée par ses ennemis, la ville jadis florissante est bientôt écrasée dans des combats funestes aux siens. Tels sont les maux qui accablent le peuple ; parmi les pauvres beaucoup s'en vont sur une terre étrangère, vendus et indignement chargés de chaînes...

C'est ainsi que le malheur public pénètre dans la maison de chacun : les portes extérieures ne peuvent l'arrêter, il franchit les murs élevés et atteints partout celui qu'il poursuit, quand même il s'enfuirait dans l'endroit le plus reculé ou dans son lit.

Mon cœur m'ordonne de dénoncer aux Athéniens les maux que le mépris des lois entraine pour l'Etat. La légalité, au contraire, fait régner partout le bon ordre et l'harmonie ; elle s'oppose aux mauvaises actions des méchants ; elle tempère la dureté, elle refrène l'orgueil, elle repousse l'injure, elle arrête le mal à sa naissance, elle rectifie les jugements, adoucit la fierté, elle met fin aux discordes et aux querelles ; c'est elle qui établit parmi les hommes, harmonie et justice.

Au peuple, j'ai donné de puissance qu'il suffit, sans diminuer ni trop hausser ses prérogatives. Quant aux puissants, dont on enviait les richesses, j'ai veillé à ce qu'ils ne subissent eux non plus aucun outrage. Je me suis tenu debout, couvrant les deux parties d'un fort bouclier et je n'ai laissé à aucun des deux le privilège de remporter une victoire injuste.

Voilà ce que j'ai fait, par la souveraineté de la loi, faisant de concert la force et la justice ; voilà le projet que j'ai mené à terme, comme promis. J'ai écrit des lois égales pour le vilain et pour le noble, j'ai mis en place une justice droite pour tous. Si un autre avait pris l'aiguillon à ma place, avec des idées perverses et cupides, il n'aurait pas tenu le peuple ; car, si j'avais voulu agir pour complaire alors à mes adversaires, ou au contraire, aller dans le sens du parti opposé, notre ville aurait perdu beaucoup d'hommes. Voilà pourquoi j'ai fait front de tous côtés, en me retournant comme un loup au milieu d'une meute de chiens.[19]

Notre interpellation est semblable à celle de Solon présentée ci-dessus. Il est vrai, notre intention spécifique est de s'adresser aux Camerounaises et Camerounais en particulier, mais nous pensons en même temps que certains problèmes fondamentaux de survie qu'ils connaissent sont coextensifs aux autres pays africains et d'autres communs à toutes les sociétés humaines sans distinction de continent. C'est pourquoi qu'il nous soit permis de nous adresser tantôt aux gens d'ici et tantôt aux gens d'ailleurs. Chacun peut se reconnaître en fonction du changement de ton et de contenu des paroles écrites. Pour l'Afrique, nous avons besoin des hommes à la trame de Mao tsé-Tung dans chaque pays pour nous montrer ce qu'il ya à affaire et ce qu'il faut pour transformer nos modes de vie agréablement. Il nous faut un homme ou des hommes capables de mettre sur pied un tableau de bord de notre gouvernail. Il nous faut nous mettre au travail comme un peuple qui veut conquérir l'espace en construisant un tour de Babel même si nous avons une conception pieuse de la vie et considérant tout comme vanité. Cette construction, chacun doit y apporter sa pierre. De l'architecte concepteur aux dernières manœuvres en passant par les ingénieurs et les

[19] Fragment 24D, Traduction originale in *Le point*, n° 8 de juin 2011, p. 45.

chefs maçons, il nous faut travailler à cette tour. Cela signifie qu'il nous faut nous entendre autour d'un projet de société digne de ce nom, projet dont la réalisation doit traverser les générations, les siècles et les millénaires. C'est de l'*audace*, car tout projet de ce genre est audacieux. Sur quoi peut miser une société pour sortir de la pauvreté ambiante ? Sur les richesses du sol ou du sous-sol ? Rien de tout ça en effet. C'est sur l'inventeur qui peut proposer à la société son invention digne de révolution inattendue qu'il faut compter. Mais l'audace si elle a quelques inconvénients est un meilleur moyen de devenir un géant au sens inventif et évolutif du terme. Nous apprécions tellement l'ouvrage *L'audace d'espérer* du président Barack Obama (USA) et nous nous en inspirons pour lancer cet appel audacieux autour du projet de société que nous proposons dans cet ouvrage. L'Afrique doit comprendre que le chemin de transfert des technologies dans lequel nous nous engageons est difficile, voire utopique, pour espérer notre émergence, notre développement. Nous devons partir de notre propre audace de créer, de nos propres conceptions des choses. Pour cela, il nous faut revenir à l'orthodoxie du travail technique le plus simple pour évoluer progressivement avec maîtrise des données de transformation vers un schéma de travail et de développement perfectionnés. Le tableau de bord que nous proposons est simple et fera réussir notre émergence. En effet, la philosophie du travail ne réside pas dans les mots, mais dans l'action. Que la ville ne soit plus pour nous et pour nos enfants un mythe. Il faut diviser comme nous l'enseigne Descartes, en autant de parties nos problèmes, puis commencer par résoudre des plus simples aux plus complexes. Notre mal développement vient de notre mal organisation dans tous les domaines et secteurs d'activités. Nos énergies sont dispersées et nous gaspillons trop notre temps aux choses futiles. Et, quand parfois nos problèmes deviennent nombreux, nous ne savons plus par où commencer la résolution. Et c'est précisément dans cette situation logique que nous nous trouvons, car nous avons engendré certains de ces problèmes par notre propre état de paresse et d'autres, nous les avons hérités de nos prédécesseurs. L'esprit parasite de l'homme moderne d'aujourd'hui est la manifestation de cet héritage empoisonné qu'il faut déconstruire et reconstruire.

Alors, par où commencer ? Par l'éducation, répondrais-je sans ambages. L'éducation est le dernier rempart d'une société en pleine déliquescence[20] et non la justice comme on aime à le clamer dans les prétoires. Car la vraie philosophie est celle de l'école par l'école et pour l'école de la vie, car c'est elle qui élève l'esprit et l'empêche d'être corrompue aussi bien dans l'entendement que dans les manières de faire, de penser, d'agir et de sentir. La justice elle-même est le fruit de l'école. Mes chers compatriotes, le type d'homme que nous voulons d'ici une décennie, un siècle, ou un millénaire dépend de nous. Il nous faut nous rendre à l'évidence cependant que celui que nous formons d'illustres années est peu productif, mais très consommateur. Il est l'intellectuel le plus budgétivore que notre siècle passé et présent n'est connu. Il est plus budgétivore plus que le pauvre paysan qui ne sait ni lire ni écrire. Son rendement par contre est médiocre et n'apporte pas une valeur significative à notre société. On arrache à tour de force de l'argent aux petits commerçants, aux hommes d'affaires, bref à ceux qui ont un esprit d'initiative et d'invention sociale de la production de richesse pour le donner aux parasites budgétivores de l'Etat : les fonctionnaires parasites. A longueur des journées, ils sont au bureau en bureaucrate avec leurs cravates toujours attachées, très littéraires dans leurs métiers et ne savent ou ne veulent rien faire de plus qu'écrire et lire. Ils répugnent le travail manuel et inventif qui donne pourtant la preuve de notre savoir-faire. On ne saurait objecter par exemple au fait que le travail manuel bien fait est la résultante d'un bon travail de conception. Il n'ya donc pas déconnexion entre les deux. L'homme parasite moderne pense cependant séparer les deux. Conséquence, rien

[20] Etat de ce qui tombe en ruine.

de bon n'est réalisé. Le travail de conception que l'intellectuel est censé faire et exceller en cela lui échappe. Il bricole et organise le travail mécaniquement soit tel qu'on le lui a appris à l'école soit spontanément. Il n'ajoute rien du sien. Convenez-vous-mêmes si c'est avec ceux-là que nous pouvons émerger. C'est pourquoi, il nous faut un peu plus de sursauts d'orgueil dans la créativité, la rationalisation du travail et cela commence par notre mode d'organisation du travail social c'est-à-dire notre éducation.

Le philosophe Ebénézer Njoh Mouelle[21] l'a dit, le sous-développement mental est plus grave que le sous-développement de l'avoir. Tenez par exemple, les moustiques nous piquent tous les jours dans notre milieu de vie insalubre, et nous ne faisons rien pour l'améliorer. Au contraire, nous continuons à rendre encore plus insalubre ce milieu par de comportements et pratiques rétrogrades. On ne fait rien pour inventer l'antidote. On attend passivement que le blanc dans une sorte de générosité invente des filets appelés moustiquaires pour nous soulager des piqûres des moustiques. N'est-ce pas vrai tout cela ? Que tout cela s'arrête donc et ayons l'audace d'inventer nos propres solutions. Vous comprenez pourquoi ma colère est grande et mon interpellation sévère concernant tous les hommes parasites modernes. Est- ce que l'école nous sert seulement à savoir lire et écrire ? Non. C'est trop réducteur comme mission assignée à notre éducation. Notre éducation doit être inventive et productrice des hommes inventifs. Ce travail revient à inventer d'abord notre propre système éducatif après la longue expérience que nous avons eue par celle que nous ont léguée les générations passées. L'espoir d'un futur amélioré repose alors sur l'éducation. Or le type d'homme que notre éducation produit est parasite dans sa quasi-totalité. C'est l'intellectuel budgétivore. Il est plus parasite au sens marxiste que l'ouvrier ou le cultivateur villageois qui ne sait ni lire ni écrire. La

---

[21] *De la médiocrité à l'excellence.*

pauvreté mentale ou spirituelle n'est pas ainsi une fatalité et il n'ya pas de honte à affirmer sa pauvreté. Mais le plus honteux c'est de ne rien faire pour sortir de l'une et l'autre forme de pauvreté. Ce qui est avantageux pour les pays en voie d'émergence, c'est de rompre avec les habitus des parasites en misant sur une organisation éducative de qualité. Cette qualité commence par le choix des fins techniciens de la chose éducative. La passerelle de l'éducatif à l'inventif ainsi réussi entrainerait le culte de l'effort et la création des richesses. Dans ce sens, la peur d'échouer ne sera plus signe de faiblesse ou d'incapacité, mais considérée comme signe d'une socialisation ratée, donc à refaire. Il est possible de rendre toutes nos forces vives utiles en les initiant à une forme de savoir, de savoir-faire et de savoir-vivre. Si une telle chose est faite, les conséquences positives ne se feront pas attendre. Les initiatives se multiplieront, les transformations locales de matières premières connaîtront un regain, les mentalités vont s'améliorer. La ville et la campagne seront dans un rapport prospère. Ceux qui auront excellé dans la connaissance de la nature devront nous cataloguer les essences de plantes et les espèces animales qui nous entourent sans nécessairement les dénommer dans les termes connus aujourd'hui dans le monde botanique. Ils devront en étudier les propriétés et les vertus. Ils devront créer eux-mêmes leurs propres modèles de laboratoire, de taxinomie et un embryonnaire de modèle industriel de leurs inventions en agroalimentaire, en transformation du bois, du fer. Les forgerons qui savent fondre et transformer les métaux pourront être associés à la création des industries métallurgiques desquels devront sortir des produits nécessaires à la réalisation des travaux de développement de grande ampleur et d'impact positif sur les populations. La rigueur dans l'enseignement et la pratique des arts changeront les habitudes aussi bien des apprenants que des professeurs. On rendrait la tricherie en classe alors de nul et nul effet. Par exemple, on peut dès le primaire canaliser les enfants qui ne peuvent évoluer normalement à cause des vicissitudes de la vie vers l'apprentissage pratique des arts utiles (sculpture, sérigraphie, peinture, gravure, etc.) Si tout est bien organisé, on pourrait leur décerner des certificats d'artisans qualifiés et leur ouvrir des perspectives d'emplois nobles. L'invention de notre éducation du 21ème est un grand défi : défis de la trajectoire et du modelage des futures générations actuellement enfants, adolescents ou en voie de naître. Il nous faut tout de suite nous mettre au travail si nous voulons voir émerger nos futures générations dont la sagacité de leurs jeunesses ne les conduira pas à saper la mémoire de leurs parents ou précepteurs d'hier. Il nous faut pour cela réévaluer les connaissances actuelles, le mode d'organisation sociale qui nous caractérise avec le plus grand sérieux possible. Nos projections futuristes doivent se porter sur au moins trois à quatre siècles. Quand nous parlons d'éducation, il ne s'agit pas seulement des formations scolaires, académiques, mais aussi des formations extra académiques, extrascolaires qu'elles soient d'ordre civil, militaire. Pourquoi ne pourrions-nous pas construire des grandes firmes pharmaceutiques par l'exploitation de nos plantes médicinales, pourquoi ne pourrions-nous pas construire des bateaux, les instruments technologiques, nos industries d'armes ? Les laboratoires doivent nous servir de production de schémas standardisés des inventions dont les industries devraient en assurer le prolongement par la production à grande échelle de ce qui a été si bien inventé dans les laboratoires. Certainement une telle aventure nous vaudra quelques années et la maîtrise des schémas inventifs, le développement des ébauches de nos premières inventions technologiques et la floraison des nos recherches scientifiques. De même, nous maîtriserons notre orientation du système éducatif, la transformation de notre artisanat embryonnaire en technique sûre et quand celle-ci se combinera à la science, elle deviendra une pure technologie aux contours philosophiques maîtrisés. Une chaîne de continuité doit donc être établie entre l'école, centre de recherche, science, artisanat, technique et technologie. Quand les premiers produits de ces mesures germeront, ils réduiront à coup sûr notre dépendance en importation des pacotilles de toutes sortes. Notre pas de géant nous vaudra l'admiration des autres et notre éducation pourrait rivaliser avec les plus performantes du monde au lieu de se contenter d'être le réceptacle des déchets pédagogiques d'ailleurs.

Mais j'insiste que des efforts doivent être faits d'abord dans l'amélioration des cadres d'apprentissages entendus ici comme des infrastructures et de leur entretien. Un cadre sain, propre, agréable force d'abord le respect, l'admiration de ceux qui y entrent, puis stimule progressivement l'amour de la science, le goût de l'apprentissage. En effet, nos cadres d'apprentissage et de travail sont le moins qu'on puisse le dire des « poubelles » en commençant par les bureaux administratifs de l'intérieur comme de l'extérieur et s'étendent progressivement aux autres cadres de travail. La législation du travail même ne parvient pas à s'appliquer avec convenance chez nous parce qu'on sait pertinemment qu'il manque l'esprit philosophique inventif. L'esprit parasite gagne et détruit l'homme parasite.

5- Quelle philosophie adopte-t-on pour changer les mentalités ?

Rendre l'espace de vie agréable ne coûte pourtant pas cher. Le bon sens étant mis en marche permet de toiletter son environnement. Les seules structures qui essayent de se respecter dans la tenue propre et agréable de l'espace, c'est les banques. Et, on est chaque fois content d'y faire un tour non seulement en raison de cette propriété, mais de l'argent qu'on y va retirer ou déposer. Les bidonvilles poussent partout, on ne s'organise ni pour canaliser l'eau ni pour évacuer les déchets hors des quartiers ou des concessions réellement. Chacun joue au parasite attendant qu'un autre vienne le faire à sa place. Il ne serait donc pas exagéré de parler de « poubelle » à propos de l'aspect de nos infrastructures, de notre mode de gestion des ordures, de notre propreté commune et de notre division du travail social. L'hygiène collective et individuelle laisse à désirer. Pourtant c'est des actions participant à la prévention primaire de la santé. Tout le monde réfléchit et parle tout bas de ces choses ; mais personne n'ose, tel un parasite, à se mettre au travail. Quel envoûtement d'esprit avons-nous reçu ? De quelle apathie sommes-nous atteints ? Les générations viennent, se succèdent et meurent et leurs génies avec qu'eux parce que le cadre de vie est mauvais. Il favorise le développement de l'esprit parasite. L'éclosion des talents y est problématique. Si nous répugnons le travail manuel, valorisons au moins le travail intellectuel pour sortir des souffrances entrainées par le travail manuel en inventant des techniques, des machines, des technologies comme instrument de facilitation dans le travail. Que la fabrication de ces instruments fasse l'objet d'une écriture systématique puis étudiée en technique à partir de laquelle on standardise les moules de fabrication et enfin expérimenter en usine de fabrication montée à cet effet. Ce serait le début d'une semi-industrialisation de notre système de travail. Dans son ouvrage, *Le tiers-monde dans l'impasse*, Henri Paul Bairoch explique la différence de développement entre l'occident et les pays du tiers-monde en montrant notamment comment l'occident est parti des ébauches de schéma d'industrialisation les plus banales pour progresser vers les formes les plus performantes de leurs industrialisations tandis que les pays du tiers-monde ont été freinés dans ce processus par des événements très douloureux de leur histoire sociale à savoir l'esclavage et la colonisation organisée. Il est donc évident que la reconstruction de notre marche vers l'industrialisation est et sera douloureuse en raison de notre dépendance volontaire actuelle vis-à-vis de l'occident : programme scolaire, pédagogie, transfert problématique de technologie, importation des denrées alimentaires, matériaux de construction, les moyens de transfert, de transport, les pacotilles même pour les jouets pour enfants, etc. Cette situation, il est clair qu'elle nous plonge dans l'état de parasite docile. Il nous faut un *taon*[22] philosophique à l'exemple de Socrate[23] pour nous sortir de cet état de paresse construit au fil de temps. Ce taon devrait de temps en temps nous rappeler notre devoir d'assumer avec courage notre destin commun et nous orienter vers l'émergence la plus rationnelle qu'il soit. En effet, notre industrialisation par le haut à savoir par le transfert des technologies négocié par les chefs d'Etat tels que cela est perceptible encore au 21ème siècle, est en réalité vouée à l'échec. Nos chantiers de grandes constructions technologiques ferroviaires, aéroportuaires, fluviales, sidérurgiques, extractives des minerais, etc. sont si réduits et

---

[22] Insecte diptère dont la femelle pique les grands mammifères pour sucer le sang. Le taon excite le cheval à plus d'efforts.

[23] Cf. *Apologie de Socrate*.

fermés que nos ingénieurs, techniciens supérieurs, ouvriers qualifiés et manœuvres ne peuvent apprendre grand-chose ni du système technique d'organisation du travail ni de la technologie et science soit des Chinois soit des Européens et Américains. En réalité, notre développement industriel et commercial doit commencer par le bas et non par le haut. Il doit commencer par le stade embryonnaire de fabrication d'objet, de construction des ateliers de fabrication artisanale, de technique qui ne demandent que l'usage de notre bon sens pour migrer enfin et définitivement vers la civilisation technologique, la construction des laboratoires huppés de recherche, le montage des usines et la construction des industries en commençant par l'agroalimentaire. Le développement par le bas doit en effet prendre en compte la capacité d'action endogène des populations locales dans leurs différents savoirs, savoir-faire et savoir-être. Il s'agit d'identifier les forces dynamiques en œuvre, les secteurs d'activités ayant un embryonnaire d'organisation de travail à la chaîne et les systèmes de standardisations. On sait par exemple que c'est le travail de la forge qui a précédé les techniques et les technologies modernes de sidérurgie (transformation du fer, de bronze, etc.) ; le travail de l'alchimie agroalimentaire celui de la chimie agroalimentaire, etc. La pauvreté matérielle de notre situation actuelle n'est donc pas une raison ni une excuse en soi pour que nous nous abrutissions dans le parasitage et abandonnions l'effort de perfectionnement permanent de notre culture. Nous pensons en effet que tant qu'une culture n'a pas atteint le degré de perfectionnement qu'il faut pour impacter significativement le niveau de développement et le train de vie des populations, elle n'est pas encore civilisation. Elle reste au stade élémentaire de son évolution. L'euphémisme des sciences sociales qui voudrait que l'on considère que toutes les cultures se valent n'est qu'une sottise. La diversité culturelle est certes une bonne chose, elle contribue à la variété des rapports humains. Mais dans ces rapports on note manifestement la subordination des unes aux autres à travers les attitudes de leurs agents que sont les individus formatés dans ces cultures. Jusqu'aujourd'hui, l'Africain pense encore être inférieur au blanc ou au noir français, anglais, chinois, américain en raison de leur différence de cultures. Même ceux de nos frères bien connus qui ont eu le destin de naître ou de grandir pour quelques années dans ces espaces socioculturels se croient supérieurs aux leurs nés et grandis dans le tiers-monde. Il ne fait aucun doute que ce rapport comparatif frustre plus d'un nombre d'intellectuels qui ont le mythe de l'occident ou des pays récemment émergents comme le Brésil, la chine, l'Inde, l'Afrique du Sud, etc. Quoi ! Resterons-nous dans ces considérations et continuer à adopter des habitudes et attitudes de parasite ? Que non. Nous pouvons par notre effort au travail et par la rationalisation de notre éducation rendre aussi meilleur ce que nous considérons comme meilleur ailleurs. Peu importe le temps que cela nous prendra. Il nous faut seulement nous mettre au travail maintenant ou tout de suite. Ce que nous disons est valable sur le plan individuel que sur le plan collectif. Même le créateur Dieu ne nous refuserait pas un tel sursaut d'orgueil, car il est dit dans les psaumes et les proverbes bibliques que Dieu n'est pas un Dieu de paresse et encore moins un Dieu aimant voir l'homme souffrir par rapport à l'autre. C'est en nous organisant que nous reculerons les limites de notre ignorance, de notre pauvreté tant matérielle que mentale. Il nous faut tout de suite quitter comme le dit si bien le philosophe Ebenezer Njoh-Mouelle de la médiocrité à l'excellence[24].

[24] Titre de son ouvrage sur Essai sur la signification humaine du développement en Afrique.

6- Héritage, éducation et conflit des générations

Il nous faut rapidement évacuer de nos pensées que notre développement se fera en concurrence avec celui de l'occident ou de certains pays d'Asie comme la Chine et l'Inde. Car avec une telle idée nous n'y arriverons pas. Ce qu'il faut au contraire admettre, c'est que nous nous opposons aux autres en tant que groupe selon les générations c'est-à-dire, les générations d'hier d'ici interagissent avec celle d'hier de là-bas et celles d'aujourd'hui d'ici avec celles d'aujourd'hui d'ailleurs. Cela revient à dire que nous devons prendre conscience du fait que les enfants qui naissent aujourd'hui auront à interagir avec les enfants d'autres continents qui naissent aujourd'hui. Il ya pour cela un devoir humanitaire que les générations précédentes ont envers celles d'aujourd'hui. Faillir à ce devoir c'est exposer les enfants qui naissent à la vulnérabilité dans leurs rapports avec ceux d'ailleurs qui se seront bien aguerris, préparés à ces rapports dont on sait glisse toujours vers une tentative de domination des uns sur les autres. Reconnaissons avec Auguste Comte que « Dès que nous naissons, nous devenons en effet, redevables vis-à-vis de nos prédécesseurs, contemporains et successeurs. » La question est alors celle de savoir avec quel héritage et quelle éducation pouvons-nous efficacement parler d'égal à égal avec les autres suivant les générations. Autrement dit, avec quelle formation (dans tous les domaines) les générations africaines ou tout simplement du tiers-monde d'aujourd'hui et de demain affrontent et affronteront les autres générations d'ailleurs d'aujourd'hui et de demain ?

Cette question est fondamentale pour diagnostiquer le rapport plus ou moins conflictuel interne aux générations et entre les nations. Elle permet aussi de mettre en exergue une philosophie de la préparation de soi, de la jeunesse à prendre le relais des ainés d'hier de manière efficace et à passer aussi dans un futur très proche, le flambeau de l'espèce humaine à la plus jeune génération naissante et existante et ainsi de suite.

Si nous misons sur des avoirs uniquement pour rivaliser avec l'autre tant sur le plan personnel que sur le plan collectif (rapport de l'Afrique à l'occident et du riche (famille) au pauvre par exemple), nous n'y arriverons pas en raison du fait que l'avoir matériel se détériore très rapidement. Dans ce sens, si nous, enfants du tiers-monde d'aujourd'hui misons sur l'héritage tant culturel que matériel de nos aïeux comme on aime à le chanter dans les hymnes nationaux, nous n'y arriverons pas. De la sorte, il nous faut exploiter le contenu de l'affirmation philosophique de Jean Paul Sartre selon laquelle « L'essentiel n'est pas ce qu'on fait de l'homme, mais ce qu'il fait de ce qu'on fait de lui[25] ». Cela revient à dire que nous devons nous réinventer un mode de vie, inventer notre propre rationalité du travail et de développement en fonction du peu d'héritage que nous ont laissé nos prédécesseurs. Et si, même par mégarde, cet héritage venait à être impropre ou inexistant, nous, générations du présent, devons en inventer pour nous sentir à l'aise aussi bien dans notre propre espace socioculturel que dans le rapport avec l'autre. Or ce que l'on constate aujourd'hui, c'est que beaucoup d'enfants du tiers monde ont le ras-le-bol de leurs propres sociétés, de leurs propres espaces vitaux et de leur identité culturelle. Conséquence, ils préfèrent s'assimiler à l'autre ou forcer l'immigration chez celui-là oubliant que c'est par un effort de travail rationnel et de

---

[25] *L'existentialisme est un humanisme*, Editions Nagel, 1946, pp. 22-23, cité in *Philosophie en Afrique* (Notions et textes), Editions les Classiques Camerounais, 2008, pp. 149-150.

l'éducation intense que s'est construit un tel espace et une telle culture. Disons même que les types d'héritage qui nous sont transmis sont inégalement transmis d'une société à une autre, d'une famille à une autre et d'une génération à une autre. On conviendrait clairement qu'il est inutile de chercher notre évolution par un regroupement ou association des héritages comme si au sens propre, l'hypothèse de la collectivité d'héritage est crédible. En effet, ce qu'il faut développer, c'est l'homme individuel par l'éducation. La collectivité ne nait que de l'association des individus. Or l'éducation est un espace de formation rationnelle de l'être qui se préoccupe peu des éloges farfelus. Que nous soyons camerounais, nigérians, ghanéens, américains, marocains, chinois ou français, l'école est capable de créer un système de communication permettant à tous de se comprendre dans la diversité naturelle et culturelle. Ce qui est requis donc, c'est le développement de l'homme individuel d'abord et ensuite le projet de constituer l'héritage collectif vient ensuite. On sait bien à travers l'histoire coloniale que c'est sur le terrain colonial que certains Occidentaux ont réellement construit le projet de leur rapprochement après être affrontés dans des guerres larvées (1ère et 2ème guerre mondiale). Ce qu'illustre la conférence de 1884, convoquée par Bismarck[26], chancelier allemand de l'époque pour le

[26] La conférence de Berlin, qui s'est tenue de novembre 1884 à février 1885, fut organisée par le chancelier Bismarck afin d'établir les règles qui devaient présider à la colonisation de l'Afrique. En effet, depuis 1880 environ, le mouvement des explorations était devenu franchement politique : des expéditions de Brazza dépendaient la colonisation française, tandis que celles de Stanley préparaient la colonisation britannique et celles de Serpa Pinto la colonisation portugaise. Bismarck, qui avait engagé l'Allemagne, avec retard, dans le processus de partage de l'Afrique, entendait imposer des règles, en particulier le libre accès commercial aux grands bassins fluviaux et l'obligation d'occuper effectivement un territoire avant d'en revendiquer la possession. Ce dernier point eut pour conséquence le *scramble for Africa*, la « course au clocher » : Britanniques, Français, Allemands, Belges, Portugais, Italiens se lancèrent dans l'intérieur de l'Afrique, qui fut partagé par les Européens en moins de ans,

partage des colonies entre les puissances coloniales. Les rapprochements voulus ou forcés par l'histoire humaine n'effaceront nullement l'existence des diversités naturelles génétiques et culturelles. Ce qui importe, c'est de faire valoir sa raison pour se développer même en l'absence d'un contexte favorable. Ce qui est au moins sûr, c'est qu'il existe toujours un minimum d'héritage que chaque famille, clan, tribu, nation, pays et continent laisse à la nouvelle génération. L'espace vital naturel est déjà en soi un héritage. Nous nous rappelons de ces bâtiments coloniaux encore visibles dans les capitales africaines comme celle du Cameroun à Yaoundé, Abidjan en Côte-d'Ivoire ou à Acra au Ghana où nous, jeunes générations des années 1990, pensions que nous n'aurions jamais de possibilité de nous approprier un jour ces infrastructures en tant que citoyens de ces pays. Mais au fur et à mesure que les années passent, les ainés meurent, nous prenons de l'âge. L'accès à ces bâtiments demeurés véritables vestiges et où est logée toute la trésorerie du pays pour le cas de Yaoundé-Cameroun, nous est aujourd'hui possible en raison de l'effet du temps, mais aussi des compétences et qualifications acquises nous permettant d'y occuper une fonction publique. Nous n'y sommes plus chassés comme des gamins. Alors, nous faisions cette réflexion, s'il en est ainsi, cela signifie mathématiquement que c'est nous les futurs propriétaires de ces immeubles ou espaces où nous occuperons des postes publics et interagirons avec les autres peuples qui viendront chez nous ou quand nous voudrions aller chez eux. Au niveau individuel le raisonnement doit être le même. Car en raisonnant uniquement sur la base de notre héritage passé sans y ajouter de notre invention, on conviendrait que le fils du

---

au prix de quelques guerres contre les royaumes africains et d'incidents diplomatiques entre les États européens, dont le plus significatif fut l'incident franco-britannique de Fachoda en 1898. Sylvain VENAYRE, « BERLIN CONFÉRENCE DE - (1884-1885) », *Encyclopædia Universalis* [en ligne], consulté le 03-avril 2016. URL : http://www.universalis.fr/encyclopedie/berlin-conference-de-1884-1885/

pauvre pensera des projets pauvres et celui du riche des projets riches. Nous nous rappelons de ces moments où nous demandions aux enfants d'un quartier très pauvre de la capitale du Cameroun (Yaoundé) ce qu'ils souhaitent devenir demain dans leurs vies ? Les réponses données sont symptomatiques des hypothèses que nous avions déjà formulées. Presque tous ces enfants (environ une trentaine) ont eu des réponses traduisant les conditions de vie c'est-à-dire la sous-culture dans lesquelles ils sont été élevés. Les uns ont répondu qu'ils veulent être domestiques, gardiens de nuit, et les autres commerçant (es) de rue, policier, chauffeur et hôtesse pour les plus audacieux, femmes d'un riche, baby Sitter pour quelques filles, maçons, comme leurs parents pour quelques garçons. Cet exemple parmi tant d'autres est l'illustration du fait que l'héritage conduit à un raisonnement subjectif socialement orienté en raison du niveau de vie, de l'éducation reçue. Car il faut avouer que ces enfants sont pour la plupart moins ou très mal scolarisés. Les plus chanceux ont pu faire jusqu'en 3ème les études dans les établissements publics après un parcours douteux dans les établissements clandestins primaires très mal équipés tant en enseignants qu'en infrastructures. Nous avons posé la même question à quelques enfants des riches de la ville que nous connaissons. Les réponses contrastent clairement avec celles des enfants des quartiers populaires ou des milieux pauvres. De là, nous avons déduit que la construction d'un projet avenir est dépendant du niveau d'éducation, de l'héritage c'est-à-dire du milieu culturel dans lequel on évolue. Connaître les noms des métiers nécessite une connaissance préalable de ces métiers. Or ceux qui grandissent dans la connaissance de ces métiers ne peuvent que s'orienter vers les métiers classiques qu'ils connaissent. Les enfants considérés comme riches ont répondu qu'ils veulent les uns devenir avocat, ambassadeurs, infirmier, docteurs en médecine, banquiers, enseignants du secondaire ou du supérieur, ingénieurs en bâtiments, en informatique, comptable, etc. Pour avoir l'esprit philosophique très peaufiné même au bas-âge, c'est possible et c'est à travers l'éducation que cela est possible. Ainsi, l'enfant du pauvre et celui du riche qui grandissent dans des contextes sociaux différents doivent nécessairement interagir dans le même espace public. Le complexe du pauvre sera manifeste par rapport à celui du riche. Mais ce complexe peut être réellement surmonté par les efforts inventifs et adaptatifs du pauvre. Et cela va consister à philosopher franchement c'est-à-dire à réfléchir sur cet écart de vie par un questionnement de son héritage et du contexte historique qui ont conduit à la situation dans laquelle il se trouve *in situ*. Il saura avec quoi se mettre sur le pied d'égalité que l'autre. De même, si l'autre, fils du riche ne fait aucun effort de philosopher, il sera aussitôt dépouillé de ses avantages dans son rapport à l'autre. Et le cycle s'inverse. Cette philosophie implique le fait qu'il faut soigner son savoir-être et son savoir-faire par l'effort de réflexion perpétuelle c'est-à-dire par l'éducation, par l'« amour de la sagesse » comme l'a si bien dit Pythagore. Cette situation transposée dans le rapport des pays sous-développés à ceux des pays dits développés nous conduit à considérer deux générations de deux aires culturelles différentes : les enfants pauvres d'Afrique et les enfants riches de l'occident. Certains métiers quasi inconnus en Afrique en raison de l'absence des industries et des technologies évolutives prospèrent ailleurs. Ce n'est très récemment dans les années 2000 que l'industrie cinématographique et le stylisme ont pris corps en Afrique. Mais on ne sait rien par exemple dans ce continent des métiers comme les traders, de skieur, de la haute mécanique ou technologie. Les opportunités d'emplois ne sont que celles développées par la fonction publique, fonctions instaurées depuis la période coloniale pour faire fonctionner uniquement le rapport politique du tiers-monde aux autres Etats riches. Décomplexer ce rapport exige du tiers-monde un effort considérable en technologies éducatives, principaux développeurs des ressources humaines nécessaires à l'invention et à la création des industries, entreprises et laboratoires.

Considérons donc, qu'en tant génération d'Africains d'aujourd'hui, avons les mêmes âges que les occidentaux d'aujourd'hui, mais avec des héritages différents et des systèmes d'éducations différents. Nous, enfants africains avons beaucoup d'efforts à fournir pour décomplexer notre rapport aux enfants occidentaux d'aujourd'hui. Cela passe par l'invention et la philosophie. La même logique peut être appliquée à l'infini aux générations futures.

> *C'est alors seulement que, la voix du devoir succédant à l'impulsion physique et le droit à l'appétit, l'homme, qui jusque-là n'avait regardé que lui-même, se voit forcé d'agir sur d'autres principes, et de consulter sa raison amant d'écoute, ses penchants. Quoiqu'il se prive dans cet état de plusieurs avantages qu'il tient de la nature, il en regagne de si grands, ses facultés s'exercent et se développent, ses idées s'étendent, ses sentiments s'ennoblissent, son âme tout entière s'élève à tel point que, si les abus de cette nouvelle condition ne le dégradaient souvent au-dessous de celle dont il est sorti, il devrait bénir sans cesse l'instant heureux qui l'en arracha pour jamais et qui, d'un animal stupide et borné, fit un être intelligent et un homme.*[27]

Voilà pourquoi il faut redéfinir notre rapport politique à l'autre et le système éducatif qui doit produire le type d'homme créatif, décomplexé de tout. La « volonté de surhomme » qui doit nous animer doit se situer au-delà de nos fétichismes et fatalismes d'esprit. Et, le bon Dieu lui-même nous sera de secours s'il voit nos efforts au travail, car il n'est pas un Dieu de la paresse, mais du travail, il n'est pas un Dieu des paresseux, mais des travailleurs chargés de poursuivre ses œuvres créatrices. Pourquoi devrait-on nous limiter alors par des arguments saugrenus, arguments qui confortent le parasite dans sa situation de « on va faire comment » au lieu de le tirer

---

[27] Jean Jacques Rousseau in *Du contrat social*, p. 17.

de sa léthargie ? La dé-complexification de nos rapports avec ceux qui ont pris l'avance d'éveil spirituel sur nous doit partir du présupposé que nos congénères vivant dans d'autres espaces sociogéographiques que ce soit ne doivent interagir avec nous dans un esprit de condescendance. Cela signifie qu'il existe plusieurs leviers sur lesquels nous pouvons appuyer pour éviter le ridicule (colonisation religieuse, politique, économique, éducative...). Il nous faut par nos propres efforts intellectuels remodeler notre environnement, définir les usages des espaces publics et leurs modes d'entretien, revoir nos modes de vie en empruntant à notre génie intellectuel qui peut inventer toutes sortes de choses utiles à notre existence. Ce remodelage même inachevé peut servir de point de départ aux futures générations. Mais si nous ne faisons rien dans ce sens, nous compliquons la tâche à nous-mêmes et à nos descendants et nous leur ouvrirons la voie à la reproduction de leurs complexes face aux autres nations. Le travail à faire est immense, mais il n'est point question de baisser les bras. Trop de divisions existent de manière stérile dans notre propre milieu social. Si nous savons taire ces différences, nous préserverons la valorisation de nos génies, de nos inventeurs dans quelques domaines que ce soit. Nonobstant le penchant égoïste et dominateur de chaque personne, on peut néanmoins réduire les inégalités sociales parmi nous en favorisant la scolarisation de tous. L'harmonie entre les générations favorisera aussi le passage efficace de témoin dans tous les secteurs et domaines d'activités. Certes, il ne s'agit pas d'une sorte d'harmonie paradisiaque, mais de celle qui peut assurer le relais entre deux générations. Quand nous parlons de secteurs, nous faisons allusion aux différents segments de l'activité dans un domaine. Le domaine même renvoie à un ensemble constitué des segments d'activités de même nature. L'élevage par exemple est un domaine d'activité dont les différents secteurs peuvent être l'élevage des volailles, des gros et petits ruminants. De même, l'agriculture constitue un domaine aux multiples secteurs d'activité comme la filière banane, coton, sorgho, canne, manioc, etc. L'atteinte de cet idéal exige de nous un changement de mentalité et l'acceptation du sens de sacrifice utile au développement. Il est donc question de conscience qui selon Frantz Fanon consiste en ce que « chaque génération doit dans une relative opacité, à découvrir sa mission, la remplir ou la trahir[28] ». C'est donc une question de conscience collective qui s'appuie sur l'idéal du vivre ensemble. Or pour vivre ensemble et de manière décente, agréable, heureuse, il nous faut nous entendre sur le système social c'est-à-dire sur l'ensemble des grands principes qui définissent nos relations publiques et le modèle éducatif qui doit sous-tendre cet idéal. Mais si l'éducation dans toutes ses composantes (primaire, secondaire et supérieur) souffre du syndrome de la désarticulation entre la vie active et les productions scolaires, on ne peut atteindre cet idéal. A l'observation, l'éducation scolaire est le champ intellectuel où il existe encore les perspectives de sauver la société de ses dérives morales et de son péril développemental.

L'affairisme le plus sauvage et le désordre intellectuel qui y règne doivent simplement être rayés. Le paradoxe chez nous les pays sous-développés est que les gens se rendent compte de la dérive éducative constatée au cours de ces deux dernières décennies ; tout le monde en parle, mais personne n'ose dans un projet social équilibré et dans l'esprit philosophique la plus concordante envisager une cure salutaire. Des acteurs éducatifs jusqu'aux consommateurs des produits éducatifs, le constatent. On se rejette les responsabilités de l'échec des réformes, on critique le niveau bas des produits qui sortent des écoles sans pour autant établir tout un plan de réforme nécessaire à notre développement tant moral, intellectuel que socio-économique. L'opacité qui règne dans les

[28] Cf. Les *Damnés de la Terre* est le dernier livre de Frantz Fanon, publié quelques jours avant sa mort aux Éditions Maspero en 1961 et traduit en 15.

établissements scolaires et les universités est telle que l'amour et la vocation d'enseigner apparaissent problématiques. L'esprit d'initiative manque cruellement chez les différents acteurs. Il faut pourtant oser et toujours oser tant en théorie qu'en pratique de la science si l'on veut voir émerger des innovations susceptibles de nous rendre « eldorado » comme l'ailleurs, « la Nouvelle Atlantide[29] » au sens baconien du terme.

Depuis fort longtemps, nous nous contentons de discuter sur les vieux paradigmes scientifiques élaborés dans les laboratoires occidentaux, paradigmes que les Occidentaux semblent eux-mêmes avoir abandonnés et que nous ne prenons même pas le temps de les critiquer et de réviser en fonction de nos objectifs et réalités. Le seul paradigme qui vaille d'être mentionné comme l'initiative de nous-mêmes depuis que l'éducation moderne a pénétré nos murs continentaux est la philosophie de la négritude décomposée en ethnophilosophie et en tendance critique. Ce paradigme a été débattu dans tous les champs disciplinaires universitaires et dans les matières enseignées tant au primaire qu'au secondaire. C'est pourquoi nous nous sommes retrouvés avec les documents scolaires qui nous ont toujours permis d'avoir la consolation. Le Nègre a reçu des préjugés qui lui ont été jetés à la figure par les impérialistes occidentaux. On se rappelle depuis la génération des écoliers de 1960 des noms comme Camara Laye, (*L'enfant Noir)*, Sembène Ousmane, de Basile Juléat fouda, de Senghor, de Césaire, de Marcien towa, de Kwamé Nkrumah, Réné Dumont, etc.

A vrai dire, les travaux de ces auteurs quoique découlant d'un paradigme de la négritude, création authentique de leur philosophie, ne sont que des travaux réactionnaires et révolutionnaires en théorie. Il s'est agi de réagir à une

---

[29] C'est le titre de l'ouvrage dans lequel Francis Bacon conçoit la nouvelle forme de société occidentale qui devrait voir le jour après celle du 17ème siècle.

provocation exacerbée par les tortures coloniales. C'est donc un paradigme de la défensive. Il a suffi à calmer un tout peu les caricatures quelques fois fondées de nos mentalités sous-développées. Or ce qu'il nous faut maintenant adopter comme projet éducatif révolutionnaire, c'est la culture offensive et non défensive c'est-à-dire celle de la conquête du monde. Pourquoi devons-nous être dissuadés par le fait que les autres ont déjà conquis les espaces ou qu'ils nous empêcheraient de le faire sous prétexte de leur superpuissance sur les espaces ? Ce n'est pas leur propriété éternelle et naturelle. Notre esprit d'invention s'il se met à l'œuvre est capable de faire des choses merveilleuses dans le sens de cette conquête. Il nous faut oser nous servir pleinement de notre raison. Le paradigme de l'offensive nous conduira à abandonner quelque peu des schémas inadaptés et stériles de notre éducation. Il nous aidera à sortir de l'esprit parasite. Il suffit pour cela que nous entreprenions la mise en valeur de tous les domaines de savoir en encourageant par des initiatives de la recherche la production des travaux neufs solidement élaborés et capables d'enrichir nos mentalités. L'ostracisme cédera la place à la culture de l'effort et d'union. Nous pouvons dans cette perspective évoquer la révolution chinoise qui ne s'est pas contentée d'être réactive, défensive, mais active et offensive. Cette révolution leur vaut l'admiration qu'on a d'eux aujourd'hui au 21ème siècle. Mais cette évocation ne signifie pas que nous devons aussi faire comme eux. Ce que nous suggérons c'est d'entreprendre par nous-mêmes des ébauches de la révolution intellectuelle, matrice du développement socio-économique d'un pays ou d'un continent. Le temps de la critique est révolu. Il s'agit maintenant du temps de l'action intelligente, véritable œuvre de la pensée et du bon sens. On ne peut se contenter des situations éparses qui flattent notre émancipation intellectuelle. D'ailleurs, ne dit-on pas qu'« une seule hirondelle ne fait pas le printemps ». Si nous avons quelques intellectuels de haut niveau isolés dans leurs domaines de recherche, cela ne suffit pas à remonter notre niveau de développement. Il faut que des campagnes aux villes, toute la masse démographique que nous aurons d'ici dans cent ans, etc. soit scolarisée et de manière satisfaisante selon les normes et les buts voulus par l'école. Ce que nous mettons en cause dans nos pays sous-développés, ce n'est pas tant le manque des ressources ou des potentialités, mais c'est leur mise en valeur par nous-mêmes et pour nous-mêmes c'est-à-dire leur articulation de manière à produire quelque chose de concret. Au premier rang de ces ressources figurent les hommes. Il faut travailler sur le type d'homme tiers-mondiste pour faire de lui un excellent producteur, inventeur. L'élégance de vie vient de l'esprit éduqué. La vie sale sur tous les plans vient de l'esprit sous-éduqué. Seule l'école républicaine définie selon les normes rationnelles peut favoriser l'émergence de nouvelles mentalités créatrices des richesses et de la bonne vie. Il est vrai, on ne peut éradiquer les dévergondés de la société, mais l'homme éduqué accepte au moins le dialogue, comprend les contradictions et réagit de manière éduquée. Si on retrouve dans notre système éducatif des avatars de l'âge primitif, c'est que la formation de l'homme en tant qu'être n'est plus la préoccupation principale de nos écoles ; mais c'est la formation de l'homme en tant qu'avoir qui prédomine dans la société capitaliste sauvage développée par nous. Conséquence, l'école n'est faite qu'à titre indicatif et constitue symboliquement le capital à travers lequel on investira dans les autres champs sociaux. Ce que nous devons relever c'est le fait que l'école semble être bafouée dans ses valeurs fondamentales, mais curieusement utilisée comme levier d'accès à tous les autres champs de la vie sociale. Exemple, la plupart des écoliers, élèves et étudiants interrogés dans le cadre de leur future ambition citent tout sauf le métier de l'enseignement. Il en est de même de la question des inventions. L'esprit parasite ayant fait son nid dans notre âme l'endort profondément comme des prisonniers nés de la caverne de Platon. Personne ne songe y sortir même par un sursaut d'orgueil. Et voici le raisonnement qui est tenu : les ainés ont gâté le pays, pillé et vendu ses richesses à l'étranger, ils n'ont rien inventé sinon l'art de la corruption, principal responsable de notre sous-développement en ce siècle. Nous, nouvelle génération allons tout simplement reproduire ce qu'ils ont fait, au mieux, les dépasser dans cette dépravation de mœurs et d'intelligence. Une nation peut-elle bâtir sa puissance sur de telles idées ? Absolument non. Si plusieurs ont tiré la sonnette d'alarme et que nous nous sommes seulement contentés d'écouter sans agir comme des insensés au temps de Noé dans la Bible, nous devons maintenant agir et bâtir le bateau de sauvetage de notre dignité en tant que pays, nation ou continent.

7- Ordre et organisation

Lorsqu'on parle de la cité, d'un Etat ou d'un continent, on pense d'abord à un certain ordre qui y règne, ordre qui découle de l'organisation de la vie des hommes qui y vivent. L'ordre renvoie donc à la bonne organisation du travail, à l'orientation de notre sens de développement moral, social spirituel et économique. Or, la paresse dans laquelle sont tombés la plupart de nos pays tiers-mondistes et nous-mêmes en tant que citoyens de ces pays, n'est pas la résultante d'un fait congénital ou d'une quelconque malédiction, mais de notre système organisationnel dont les principes sont à peine rationalisés. Il nous faut sortir de ce schéma archaïque de l'organisation du travail. Pour cela, la méthode requise consisterait d'abord à prendre conscience de l'immensité du travail social à effectuer, de sa complexité et de ses implications. Parce que de la bonne organisation du travail social découlent le rendement et la satisfaction, alors il est nécessaire d'organiser et réorganiser notre vie individuelle et commune. Observons combien de génies nous tuons, combien de vie nous broyons par notre sottise, par notre mauvaise organisation et exécution du travail social. Nous fonctionnons dans la pratique et la culture du « bricole conscient et para conscient » même si le système éducatif qui devrait en donner l'exemple brille par un désordre organisationnel sans pareil. Conséquence, tous les pans de la société en sont affectés. Conséquence, de nombreuses vies sont sacrifiées au sens de l'annihilation des talents inventifs. L'école dégoute aussi bien les enseignants que les apprenants. La joie de fréquenter disparaît peu à peu et au fur et à mesure que l'apprenant s'approche du crépuscule du monde du travail. Ce qui prend place dans le système éducatif c'est alors la paresse, le désarroi, la lutte des acteurs, la douleur d'accomplir la tâche éducative, la corruption, la dépravation des mœurs. L'année scolaire ou académique est bâclée et on se contente tant du côté du personnel administratif que des apprenants, des statistiques de fin d'année sans allier ces statistiques à la qualité du travail produit. Vers quel gouffre allons-nous ? Non. Trop c'est trop. Il nous faut rompre avec ces habitudes et redéfinir un nouveau schéma productif de l'organisation du travail. Que vaut en effet un diplôme ? Sinon à se faire une bonne conscience et à bousculer à tout prix et par tous les prix les postes de travail rémunérés, dans la fonction publique, le parapublic et le privé. Les torts et les douleurs que nous causons par ces manières sont grands pour nous-mêmes et pour nos futures générations. Notre ennemi « le parasite » s'incruste dans nos schèmes comportementaux et nous rend improductifs, robots au sens de l'exécutant téléguidé. Comment pouvons-nous bâtir notre humanité avec ces principes ou comment réussir notre développement avec ces comportements ? Le problème de l'organisation du travail touche tous les domaines et aspects du travail et compromet notre épanouissement et nos perspectives personnelles de réussite dans la vie. Ce problème se pose concrètement en termes de secteurs, de principes, des objectifs, de rémunérations, de moyens, des relations, de temps, de la qualité et de la quantité du travail. En effet, un pays pauvre en organisation du travail perd nécessairement en rendement de travail. Ce qui traduit l'importation de la main d'œuvre, des équipements de travail et le développement des sous-emplois. Les économistes ont clairement expliqué ce que vaut une masse critique des travailleurs de qualité et en quantité dans les entreprises, les Etats. Il apparaît que nos systèmes de travail hérités de la colonisation sont obsolètes. Ils ont l'âge de nos préjugés et méritent d'être dépassés. Comment pouvons-nous marquer notre entrée dans un nouveau millénaire ou un nouveau siècle (21ème siècle et 3ème millénaire) sans réévaluer sérieusement notre système de travail ? Examinons un tout petit peu l'un des aspects de ce problème comme celui de secteurs de travail. En effet, le travail intellectuel est segmenté en plusieurs secteurs de travail et les diplômes de notre système éducatif nous conduisent inéluctablement vers des fonctions classiques et reproductrices des systèmes de valeur du travail mécanique. Ces secteurs, c'est ceux de l'enseignement, de l'administration, de la sécurité et de la religion. Les perspectives d'innovation, quoiqu'encouragées dans les discours politiques, sont verrouillées par des esprits parasites. A regarder de près, ces secteurs paraissent obéir à des schémas rationnels d'organisation du travail. Pourtant, ils sont aux fonds archaïques, peu rationnels et rationalisés ; ils sont étriqués. Voici comment on fonctionne dans ce schéma : un peu de travail, beaucoup de repos, un peu de rationalité, beaucoup de sentiments, d'émotions, un peu de réalisations, beaucoup de discours, séminaires et missions. Par cette manière, beaucoup de voies sont ouvertes aux conflits d'intérêts, aux sentiments tribalistes et grégaires. Ainsi, notre système d'organisation du travail social présente l'aspect d'un « cimetière » où chaque araignée a le droit de tisser sa toile. Autrement dit, il y règne un désordre parfait. La situation est pire lorsqu'on évolue vers des secteurs d'activités autres que ceux qui requièrent le diplôme. C'est le cas de ce que nous appelons communément le marché, entendu comme le lieu où s'échangent les objets de consommation contre argent. Ce secteur d'activité, quoiqu'on dise reste le modèle parfait de notre esprit de désordre dans l'organisation des choses. Aussi vrai qu'un accent ne sera mis sur le type de notre organisation du travail, nous n'émergerons pas et le développement restera compromis dans tous ses aspects.

Nous proposons :

- Par secteur et par lieu de travail, nous devons faire prévaloir les règles rationnelles de notre organisation, les modifier quand c'est nécessaire.

- Par secteur et par lieu de travail, il doit exister des innovations tant dans les règles que dans les moyens du travail. Ces innovations peuvent être le résultat des propositions des ouvriers à la base ou des dirigeants au sommet de la pyramide du milieu et secteur du travail.

- Par secteur et par lieu de travail, la compétence et l'incompétence doivent être décelées et évaluées de manières permanentes.

- Par secteur et par lieu de travail, la redistribution du travail doit être effectuée suivant les compétences et les incompétences constatées

- Par secteur et par lieu de travail, les parasites compétents ou pas doivent être recyclés et rendus utiles pour le pays

- Par secteurs et par lieu de travail, l'information et la communication professionnelle doivent être professionnelles

- Par secteur et par lieu de travail, le temps d'exécution doit correspondre à la rémunération attendue et suivant les règles rationnelles définies

- Par secteur et lieu de travail, les innovations et les technologies du travail doivent être appliquées en vue de l'amélioration des conditions et du rendement du travail

- Par secteur et lieu de travail, la redistribution des produits du travail collectif doit être proportionnelle et juste

- Par secteur et par lieu de travail, la conception et l'exécution du travail doivent obéir aux règles cartésiennes selon lesquelles il faut diviser en autant de parties un problème, puis commencer par résoudre en allant des plus simples aux plus complexes

- Par secteur et par lieu de travail, il faut la solidarité professorale devant fonder un syndicat solide et juste

- Par secteur et par lieu de travail, la poltronnerie issue des comportements de la société de cour doit céder la place à la courtoisie entre travailleurs
- Par secteur et par lieu de travail, la pyramide des rapports doit être exempte des complexes de relation
- Par secteur et par lieu de travail, les sanctions positives ou négatives ne doivent être ni une question de copinage ni de règlement de compte, mais des faits favorisant ou menaçant l'intérêt commun.

8- Formation et changement de mentalité

Si nos défis et intérêts se croisent et forment des défis et intérêts communs au sens où l'entend Jean Jacques Rousseau, nous devons aussi agir de commun accord pour relever ces défis et préserver nos intérêts. Cela signifie que nous avons compris le rapport de notre individualité à la collectivité. Car appartenir à un groupe ou à une société, c'est être membre de ce groupe ou de cette société ; par conséquent, en même temps que nous y avons des droits, des avantages, de même nous avons le devoir de faire tous nos efforts pour qu'il fonctionne bien. Participer à l'activité du groupe et en groupe, c'est reconnaître notre satisfaction dans l'autre. Si par notre mentalité nous nuisons aux autres, c'est à nous-mêmes que nous nous nuisons. A cet effet, ni nos défis quotidiens ni nos intérêts ne pourront trouver leur issu convenablement dans le groupe. Nous croyons que nos ennuis, vices et besoins viennent des autres ; pourtant, ils sont la résultante de nos propres manières de faire, penser et de sentir. Par exemple, dans l'enseignement, chaque acteur a ses intérêts et ses défis à relever. Mais aucun défi ne peut être relevé et aucune satisfaction ne peut être possible si un maillon de la chaîne éducative vient à manquer. L'enseignant par exemple dispense ses cours sous contrat avec l'Etat ou avec un promoteur privé de l'éducation. L'argent qu'il gagne par cette activité doit lui servir à satisfaire ses besoins. Ce qui est vrai dans le secteur éducatif c'est aussi vrai dans les autres secteurs d'activités comme le commerce, la santé, l'agriculture, le transport, le sport, etc. La satisfaction des besoins de l'individu trouve donc sa justification dans l'organisation commune. Les maillons les plus forts doivent faire preuve de compréhension à l'égard des plus faibles dans une démarche de co-souveraineté dans l'action publique et sur l'espace public. C'est ici que la définition durkheimienne de l'éducation trouve tout son sens. Car pour lui, « L'éducation est l'action exercée par les générations les plus adultes sur les plus jeunes en vue de les amener à grandir[30] ». Le collectif relève de la politique au sens organisationnel du terme. C'est pourquoi, notre organisation du travail social détermine notre type de mentalité et de notre niveau de développement. La formation des mentalités résulte de la culture ambiante dominante du groupe dans lequel vit l'individu. Ainsi, on pourrait illustrer cette démonstration par le fait que si vous laissez votre enfant de 14 ans en 6ème, aussi longtemps que possible, il ne changera guère de mentalité puisqu'il se considérera toujours comme enfant de ce niveau d'éducation. Par contre, les gosses du même âge que lui, mais étant avancés avec les études au niveau de terminale ou université auront une réflexion et des comportements un peu plus mûrs et plus responsables que votre enfant demeuré en 6ème. Notre démarche pour émerger véritablement doit donc consister à sonner la fin de la sclérose intellectuelle et mentale et à modifier le schéma de notre organisation commune. La modification de toute société doit être la tâche de révision de chaque génération. C'est un devoir pour chaque génération de réviser le schéma organisationnel que les prédécesseurs leur ont laissé. Cette action de changement positif d'attitude doit prendre sa source dans l'éducation en commençant par celle de la famille, base de la cellule sociale. C'est progressivement que les autres structures secondaires de l'éducation doivent prendre le relais. Cela demande de l'audace et l'ardeur au travail. On pourrait ainsi compenser

[30] Cf. ouvrage *Education et sociologie.*

dans une symphonie organisationnelle, l'échec dans un secteur ailleurs. Mais il faut faire attention. Le changement de mentalité n'est pas synonyme de l'abandon des coutumes positives ou des mœurs encore valables pour notre schéma de vie. Les manières, il faut le noter peuvent être grotesques, dégoûtantes. Il ya manifestement dans ce jeu une fuite de responsabilité qui traduit notre conception déformée des rapports à autrui. Il faut dire en vérité que nous théorisons très peu le schéma de nos tâches journalières, de notre organisation sociopolitique et partant de notre développement. Nous fonctionnons pratiquement comme des empiriques déconnectés de la théorie. Les mentalités développées dans notre milieu sont dues alors au hasard de vie commune et individuelle. Autrement dit, on établit très peu les systèmes de pensées dans lesquels nous pouvons à très long terme envisager l'orientation et la réussite de notre développement. C'est par un processus d'éducation systématique et constante que le changement de mentalité est possible et le développement socio-économique un projet réalisable. Au-delà de la question de la pseudo-évolution de notre mode de vie ou d'évolution, il nous faut encore beaucoup d'efforts à fournir pour nous estimer heureux à l'intérieur de notre propre espace de vie. Karl Marx n'a-t-il pas dit qu'à la base de toute société, il ya les « infrastructures » déterminant les mentalités. La « superstructure » est corollaire de l'« infrastructure ». Les infrastructures conditionnent nos mentalités puisque ce sont des moyens matériels à travers lesquels les individus réalisent leurs existences communes. La socialisation d'une personne à l'intérieur d'un « boukarou » ou une case en « poto poto » et abritant à la fois chèvres, canards, poules, etc. ne peut être la même que celle d'une personne née et grandie dans le luxe insolent infrastructurel de la troisième révolution. Il n'ya donc pas à tergiverser sur l'ordre des actions à mener pour émerger et inventer plus notre style de vie. Si nous parlons du style de notre vie, c'est parce que celui qui nous est imposé actuellement ne satisfait pas les attentes. Partout où vivent les hommes, on remarquera qu'ils sont toujours partagés en deux : les paresseux ou cancres et les inventeurs ou les travailleurs. On peut résoudre simultanément les difficultés causées par cette dichotomie en procédant à la réforme de nos infrastructures et à la socialisation de la masse de la population qui existe. Une population éduquée saura se mouvoir avec et dans l'espace infrastructurel défini. Plus on pense plus on découvre. Le téléphone portable est la preuve des efforts progressifs faits dans l'invention technologique de communication.

9- Avons-nous quelques problèmes à régler avec nos émotions et nos sentiments ?

On a vite fait de condamner parmi la classe des intellectuels la négritude senghorienne pour valoriser celle d'Aimé Césaire. Parce ce que ce dernier propose une négritude engagée et l'autre une négritude non engagée. Ce que dit Léopold Sédar Senghor à propos du Nègre a un fond de vérité. Que dit en effet Senghor ? « L'émotion est nègre et la raison est hellène. » Nous ne commenterons pas ici cette affirmation dans la perspective littéraire, mais philosophique. Nous évoquons Senghor dans notre essai pour réexaminer à notre manière les problèmes que nous avons observés dans l'attitude des Nègres notamment nés, grandis et demeurés africains. Ces problèmes s'observent surtout quand ils doivent résoudre quotidiennement leurs questions de survie. Nous-mêmes nés africains et ayant grandi en Afrique, nous n'avons pas échappé à ces problèmes. Seulement, nous avons su prendre des distances et opérer des ruptures épistémologiques vis-à-vis d'eux pour les traiter en socio-philosophe. En effet, peut-être, Senghor l'a-t-il dit dans l'intention de valoriser le Nègre ? Notre proposition est une interprétation dont le lien avec notre thématique général se justifie par la déduction que nous allons faire dans les lignes suivantes. Si c'est dans cette intention que Senghor l'a dit alors il est critiquable, car une telle chose ne rentre point dans l'ordre de la valorisation du Nègre. Mais s'il s'est agi pour lui de faire un simple constat sur ce qu'il considère comme écart de différence du Nègre aux autres, alors il a complètement raison. En effet, ne dit-on pas souvent que la vérité blesse ? Au lieu de nous acharner contre Senghor, nous ferons mieux de nous mirer et examiner nos attitudes, émotions, sentiments exprimés au quotidien et surtout dans les situations où nous devons résoudre nos problèmes communs. C'est justement à cet examen que nous procédons à la manière de Descartes dans ses méditations. Nous commencerons par évoquer les trois types d'action qui caractérisent l'Homme en général selon le sociologue allemand Max Weber. Pour ce dernier, l'action humaine se décline en trois variables :

- L'action humaine peut être dite rationnelle, c'est-à-dire calculée, réfléchie par rapport à un but défini et pour lequel on mobilise les moyens. Par exemple, faire la cuisine, traverser une route ou circuler en voiture.
- L'action humaine peut être aussi qualifiée de traditionnelle, c'est-à-dire réaliser par habitude et en référence aux coutumes, aux traditions. De telles actions sont peu réfléchies, contraignantes et peu élucidées par la raison du sujet pratiquant. Par exemple, le salut militaire, le culte de crâne, les funérailles, etc.
- L'action humaine peut être dite émotionnelle, sentimentale surtout quand elle se rapporte aux situations qui font trémousser le corps. Ici c'est le sentiment et l'émotion qui prédominent.

Or ces affects même s'ils proviennent de nos prédispositions physiologiques et biologiques (voir la classification des personnalités selon les psychologues) sont largement entretenus et influencés par la culture de notre groupe social. Les scènes de transe qu'on observe dans les cérémonies initiatiques ou d'exorcisme dans les villages et villes illustrent la présence des phénomènes obscurs en Afrique et ailleurs. Ces phénomènes qu'on tente de justifier par une fausse psychologie et anthropologie culturelle trouvent leurs sources dans les habitudes des populations et dans leurs modes d'organisation. La question qu'on est en droit de poser est celle de savoir pourquoi ces phénomènes de transe ne sévissent pas avec tant d'ampleur dans les sociétés occidentales où la pensée des personnes semble mûre comme dans les universités. Pourquoi les femmes en sont-elles affectées plus que les hommes ? Pourquoi les enfants et les jeunes sont-ils plus touchés que les adultes et les vieillards ? Ce qu'il faut noter, c'est que les mêmes personnes déplacées de leur milieu social ne manifestent pas curieusement ces agitations obscures. Ces phénomènes que d'aucuns qualifient de paranormaux menacent l'équilibre psychique et social de l'Afrique. Si les Africains continuent à entretenir de tels mystères et à les justifier, ne devons-nous pas conclure avec Senghor que l'« émotion est nègre » ? Les seuls phénomènes de transe qui valent d'être admis sont ceux issus des maladies comme l'épilepsie, l'asthme et autres maladies respiratoires. Laissons de côté cet exemple et prenons un autre : celui de la danse. En effet, il est évident que tous les peuples dansent, aiment la culture au sens de l'art de divertir. Le divertissement est un besoin de l'homme, mais pas au même titre que les autres. Selon l'échelle de classement des besoins de Maslow, il est secondaire. On ne peut par conséquent développer un pays par le divertissement même si nous faisons de nos danses, chants et sport un moyen commercial c'est-à-dire de tourisme. Mais que remarque-t-on chez les Africains en général ? Il ya trop de divertissement que de travail, trop de gens qui se divertissent que des gens travailleurs. Les Africains en Afrique aiment à longueur de journée, de semaines, de mois et d'années et de siècles à danser, à boire, à chanter, à se divertir au lieu de réfléchir, travailler sérieusement pour changer ou améliorer leurs conditions de vie qui ne semblent pas du tout reluisantes pour la plupart. On met en Afrique la charrue avant les bœufs. On prend toujours le futile pour l'utile. Cette description est exacte et reflète la réalité ; n'en déplaise à la classe intellectuelle des Africains qui croient par leur simples afrocentrisme et leur fonction pourront trouver la réponse aux problèmes africains. Le refus d'un diagnostic froid empêche toute possibilité de développement du continent. Sur ce deuxième exemple, nous concluons encore avec Senghor que « l'émotion est nègre et la raison est hellène ». Si nous insistons sur cet aspect de l'émotion chez le Nègre africain, c'est parce que nous voulons interroger le processus culturel qui a créé un tel « habitus » chez le Nègre africain et celui qui a engendré le principe occidental de l'organisation rationnelle. Les Nègres africains pensent encore jusqu'aujourd'hui que sa seule richesse qu'il peut apporter au rendez-vous du concert des nations dans le processus de la mondialisation, c'est la culture au sens des danses, de l'art, des contes de fées, des proverbes ou des mœurs fabriqués depuis la nuit des temps et que reprennent ingénieusement les artistes musiciens du Bikussi, Makossa, Coupé décalé, et dombolo, etc. De telles actions ne peuvent être pour nous un fond de richesse culturel sur lequel on peut fonder notre développement.

Le dernier argument que nous évoquons est celui des fêtes, de nourritures, des deuils, des situations d'urgence et d'organisation du travail social. D'abord, parlons de nourriture. En effet, le Nègre africain en Afrique réagit avec émotion, sentiment devant la nourriture à cause des facteurs tels que la famine, la misère qui ont formaté durant des siècles sa mentalité. Le sociologue Jean Marc parle de l'« irruption des pauvres ». La nourriture en Afrique attire les individus comme la viande attire les mouches affamées. L'autosuffisance en Afrique est encore un leurre, car plus de 90% de la population vit encore en dessous du seuil de la pauvreté. Les indices de développement élaborés par les économistes des différents pays le montrent clairement. Conséquence, dans les fêtes, le constat est grave : les gens réagissent avec émotion et avidité devant les plats de nourriture, et cela indistinctement du statut social. Trop d'anecdotes racontées ça et là illustrent clairement cette situation. Tantôt, c'est les messieurs qui se font ridiculiser en cachant des morceaux de poulets, de poissons frits dans les poches des vestes, tantôt c'est les dames de par leur tradition d'aller dans les fêtes avec les plastiques les remplissant de nourriture pour les enfants restés à la maison. Il y a des scènes d'images où c'est les enfants qui marchent et recherchent les os à sucer ou à manger le reste de nourriture dans une fête. Ces enfants ne sont pas les enfants de la rue et encore moins des enfants débiles. Ils sont silencieusement encouragés dans ces comportements par le regard silencieux des parents qui savent pertinemment qu'ils n'ont pas moyens de s'occuper d'eux convenablement. L'ordre dans les fêtes en Afrique est précédé d'un « brouhaaaaa » qui traduit la montée d'un cran de la tension, de l'émotion face à la nourriture, à la boisson. Parfois, c'est par affinité que les nourritures et boissons sont servies dans les lieux de deuil, de mariage, ou de fêtes populaires comme les funérailles, les réjouissances lors des sorties officielles des écoles de formation, après les soutenances. Toutes ces images ternissent l'image de l'Afrique et sont suffisantes pour qu'on tire les conclusions avec Senghor que l'émotion est nègre et la raison est hellène. Ayons donc la froideur de les relever, les critiquer et proposer des solutions d'amélioration. Car de telles mentalités ne traduisent pas seulement notre état de sous-développement mental, mais aussi notre état de sous-développement matériel. Et d'où viendra la solution ? Sinon que de nos propres initiatives à rompre avec ces habitudes parasites et à cultiver celles des inventeurs. Nos attitudes ne sont pas aussi très naturelles qu'on le pense au point qu'elles soient inchangeables. Elles sont culturelles et liées à notre mode d'organisation sociale et de socialisation de la jeune génération. Si nous avons l'abondance de nourriture, si nous nous organisons bien, il n'ya plus de raison à voir notre développement se réaliser à court terme. Tout réside dans le tact, l'intelligence, la sagesse, la mise en valeur de la raison et non dans l'émotion, le sentiment. Ces derniers interviennent dans la société comme les catalyseurs de l'égoïsme, de l'égocentrisme créant ainsi la solidarité sociale et non comme moyen de développement. Pour résoudre nos vrais problèmes, il y a nécessité à nous distancer un tant soit peu de nos émotions et sentiments même quand il s'agit de notre auto jugement. Quant aux situations d'urgence, il nous faut mettre un peu d'ordre dans nos têtes et savoir que c'est par la méthode qu'il nous faut aborder ces situations. Car l'émotion et le sentiment dans les situations d'urgences aggravent les problèmes qu'ils n'en résolvent. Puisque l'urgence nous impose l'instantanéité d'action et d'interactions, nous devons mettre de côté l'idée selon laquelle l'émotion et les sentiments changeront quoi que ce soit. S'étonner devant la mort c'est bien, mais cela ne ressuscite pas le mort. De même, la colère n'a non plus présidé à la bonne organisation d'une cérémonie. Faire dominer en nous la raison nécessite un travail de longue haleine.

10- Production et développement : de la matière grise à la matière physique

L'inventeur est un homme producteur ; c'est celui qui sait utiliser sa matière grise pour résoudre une situation pratique donnée. Alors que je me promenais ce jour dans le grand marché de Garoua (Nord-Cameroun) à la recherche de l'eau glacée et à la matière rare dans cette région, la banane, le 2 août 2015, période de chaleur intense, je remarquai globalement que les étalages et différents produits exposés n'étaient pas en majorité des produits locaux. Le marché grouillait de mille mondes et le dispositif sécuritaire renforcé en raison de la psychose causée par attentats kamikazes de la secte qui bat son plein dans les régions septentrionales du Cameroun. Ces vendeurs ambulants vendaient pour la plupart des cigarettes, des colas, des boissons spiritueuses communément appelées « kitoko », « fighter ». La circulation routière semblait être animée par les mouvements de va-et-vient des motos-taxis et privés et de quelques voitures privées, le tout rythmé par les gestes rapides et indicatifs des policiers en stage. Rien de ce dispositif ne laissait transparaitre l'idée ou l'impression que les gens pensent à produire par eux-mêmes. L'impression générale est plutôt celle d'une société statique telle que nous l'avons connu il ya de cela 20 ans. Nonobstant quelques constructions de bâtiments de fortune sur les espaces servant autrefois de lieux de foire en plein air, des aires de jeux aux enfants et jeunes, la ville de Garoua croupit sous les mêmes poids de sa misère.

Il me vint alors l'idée de rédiger cette partie de mon ouvrage en parlant de production et développement.

Comment faire pour passer de la matière grise à la matière physique ?

Les efforts semblent indiquer qu'il existe un fond de bataille pour la survie, survie dont on s'en contente au premier plan c'est-à-dire sans la modifier par soi-même ce qui s'impose comme contrainte de survie. Créer les laboratoires d'expérimentation pour améliorer les conditions de vie dans cette société ne passe par la tête des gens. Les types de produits vendus sur les marchés de cette ville montrent clairement l'extraversion totale des mentalités de consommation, de la paresse et de la priorité accordée aux produits non nécessaires pouvant répondre aux premiers besoins de l'homme. Le voyoutisme, l'illettrisme sont donc des caractéristiques de ces marchands de circonstances qui ne comprennent rien ni à la structuration de l'économie de marché capitaliste ni à son fonctionnement. Supposons même que ce n'est pas à eux de réfléchir sur ces choses, mais aux autorités établies qui aiment à se réclamer intellectuels, connaisseurs de la chose politique et aux politiciens sans portefeuille c'est-à-dire ceux qui n'ont reçu aucun mandat politique pour diriger la population, mais qui sont leaders des partis politiques quelconques et qui se disent soucieux du développement de la société. En effet, ce qui est mis en cause ici ce n'est pas leur intention ou leur volonté à se développer, mais la méthode, l'intelligence à l'œuvre dans l'invention. Ce que nous avons décrit est illustratif de ce qui se passe dans tous les secteurs et dans tous les pays où la matière grise est exploitée au rabais, bloquée de quatre fers par les vicissitudes de la vie et le système organisationnel et socialisateur. L'étourdissement du milieu ambiant rend tout processus d'invention nul. Si le petit marchand ambulant trouve son « compte » journalier dans la vente des cigarettes, des boissons spiritueuses, il ne sait pas par ailleurs qu'il est agent du sous-développement. Le constat général montre que localement il ya faible production de biens et de services que l'organisation matérielle et les choix prioritaires concourent à empirer. Il ya manifestement absence d'une « maquette » de la gouvernance nécessaire à l'émergence des individus et de la société toute entière. Le développement est compromis à la base et par les méthodes de l'organisation sociale. Ce que nous appelons la maquette de la gouvernance des vies est la décision qui permet d'aller vers la matérialisation des schémas de notre organisation commune, schéma que l'on doit sans cesse modifier, consigner en fonction des circonstances et pour des besoins d'éducation de la jeune génération. C'est pour nous la condition *sine qua non* de passer de la matière grise à la matière physique afin de réaliser notre idéal de vie, idéal qui passe par la production et le développement. Esther Boserup, économiste anglais ne dit-elle pas que « La nécessité est la mère de l'invention ». Comment pouvons-nous avoir tant de besoins dans notre société et ne pas inventer pour répondre à ces besoins ? Le tracé de notre vécu en communauté est hasardeux c'est-à-dire manque suffisamment de théorisation c'est-à-dire de schémas construits. La construction des schémas de nos activités, recherches et inventions aurait l'avantage de nous faciliter la compréhension des structures des choses, d'envisager leurs modifications utiles et de socialiser les jeunes générations avec un peu plus de succès et de satisfaction. Or Kwamé Nkrumah l'a dit : « la pratique sans théorie est aveugle ». C'est pourquoi on peut se retrouver avec des pans inutiles de marché non pas au sens de gagner un peu d'argent, mais au sens d'ajouter une valeur à notre dignité humaine. Les boissons spiritueuses, les friperies, les colas sont certes utiles à quelque chose, mais nous gagnerons plus en les produisant nous-mêmes. Le petit commerçant ambulant n'est donc pas en première ligne de notre critique, mais ceux qui décident ou pensent décider. Car l'importation des marchandises est une affaire réglée au sein d'un Etat qui a les moyens de sa politique. Il nous faut sortir de la pollution de nos vies. Le travailleur inventif sait se poser en éclaireur. Il n'exécute pas bêtement les ordres, fussent-ils des ordres divins. Il nous faut commencer par dénombrer nos besoins, les ordonnant par nécessité puis faire une bonne organisation respectant l'espace public et l'espace privé. Il nous faut par ailleurs connaître suffisamment nos potentialités et savoir les valoriser. Il faut louer les inventeurs parce qu'ils sont altruistes et pensent au développement de la société tout entière. Ils partagent leurs savoirs, savoir-faire et savoirs être avec la collectivité. Ils se sacrifient dans leurs recherches et durant toute leur vie, tentent de résoudre les problèmes épineux qui tirent la société vers le bas.

Il fait chaud au corps et parfois ça brûle comme un véritable feu tout le temps dans cette ville ; cette chaleur crée un besoin : celui de se rafraichir, de consommer l'eau en quantité et en qualité. L'eau étant la vie crée un manque pour la production des espèces vivantes nécessaires à la vie quand elle vient à manquer. Les micros organismes et parasites liés à la chaleur se développent et ont des effets pathologiques sur la santé des populations. Les maladies comme la méningite, les maladies de la peau, le paludisme lié à la production des moustiques anophèles femelles, les maladies infectieuses liées à la présence des mouches se déposant partout sur des aliments humains ne sont pas en reste. C'est pénible de vivre en ville comme au village en campagne à cause de cette chaleur intense. Les besoins engendrés sont nombreux et presque tous de première nécessité. Mais nos solutions mécaniques sans dose d'invention réelle sont insuffisantes pour répondre à ces problèmes endémiques ou épidémiques. Au lieu de se libérer de ces tracas issus du déchainement de la nature sur l'homme, les gens s'aliènent plutôt dans l'importation et la consommation des produits non prioritaires pour notre société. Il ya donc logiquement inversement des choses et un fond d'anarchie dans notre philosophie de vie. Là où les choses semblent avoir été bien réglées, c'est les projets pilotés directement par ceux qui nous accordent le soutien en termes de coopération avec l'Europe, l'Amérique, l'Asie. Ces coopérations exigent le respect des règles de sécurité, d'entretien, de renouvellement des matériaux et des intelligences, le respect de l'homme et de son environnement socio-spatial. Nous dirons même que nous vivons au 21ème siècle comme vivaient les Chinois au XVIIIème siècle sous la domination anglaise qui tirait profit de ce rapport en distrayant les Chinois par la consommation de l'opium. Oui l'opium des pays sous-développés c'est la paresse, la maladresse, c'est le fait de se contenter de la consommation parasitaire des inventions d'ailleurs, bref, c'est le refus à se servir de la Raison pleinement. Sur le plan démographique, les problèmes sont nombreux : les enfants naissent et grandissent dans des conditions misérables, sans éducation familiale adéquate et sans formation scolaire, la planification familiale est une chimère, les projets des familles ne dépassent pas le simple stade de l'avoir individuel, les femmes sont pour la plupart actrices et victimes du sous-développement, parce que plongées dans la paresse intellectuelle sans pareille et demeurant les marionnettes des hommes, eux-mêmes peu inventifs dans la recherche des solutions aux problèmes de leur survie collective. En effet, on ne peut plus se complaire dans les gloires du passé antique qui ont fait de l'Afrique (notamment l'Egypte) le berceau de la civilisation. Il nous faut emprunter le chemin de la réinvention véritable de notre mode de vie en nous mettant résolument au travail. Accepter ce sacrifice pour un peu de temps, c'est accepter affronter les difficultés de notre existence et prendre le chemin de la libération. Pourquoi tourner le dos à la philosophie de la libération ? En effet, cette philosophie est la vraie. Exploiter seulement les idées des textes historiques de cette philosophie suffit à nous révéler le sens et les conditions de notre développement. L'exemple le plus récent est celui indiqué par le philosophe camerounais Ebénézer Njoh-Mouelle dont les conclusions sont encore pertinentes pour comprendre l'enfoncement actuel des sociétés du tiers-monde. Pour lui,

La liberté ne signifie pas la fin des résistances et des entraves, mais au contraire elle exige la résistance et l'entrave pour être. En d'autres termes, la résistance, l'obstacle ou l'entrave sont des révélateurs de la liberté. Cela veut dire que c'est contre un obstacle, contre une dictature ou un esclavage que se prouve la liberté de celui qui n'établit qu'il est libre qu'en supprimant l'obstacle, renversant la dictature ou abolissant l'esclavage... Quand bien même le développement économique supprimerait l'aliénation matérielle et que tout le monde saurait non seulement lire et écrire, mais exprimer l'univers des choses et des hommes, il resterait à mettre fin à tous les nationalismes et ethnocentrismes, à toutes les différences linguistiques et culturelles sans parler des tares biologiques et physiologiques héréditaires. Qui pourrait enrayer toutes ces déterminations remettant toujours en cause notre liberté ? La liberté n'est donc pas un programme qu'on puisse envisager de réaliser ; mais elle permet de réaliser les programmes. (...) nous sommes attelés à une tâche de libération perpétuelle. La liberté, c'est l'effort permanent par lequel l'homme se hisse perpétuellement au-dessus de la nature et de lui-même, pour inlassablement témoigner en faveur de la vie et au détriment des forces destructives de la mort.[31]

L'étourdissement du milieu ambiant fait en sorte que nous ne percevons pas tous le problème avec la même ampleur ou gravité, car il ya dans les pays sous-développés une masse de populations aliénées par les pratiques et les croyances obscures et inutiles, difficiles à faire disparaître. Ces pratiques et croyances sont de véritables chaînes des « prisonniers platoniciens » qui vivent dans la « caverne ». Elles naissent avec l'habitude de l'enfance puis se radicalisent avec l'évolution de l'enfant et ses possibilités à faire face à l'adversité de la vie sociale de son milieu. Voilà pourquoi la

[31] Ebénézer NJOH-MOUELLE, *De la médiocrité à l'excellence. « Essai sur la signification humaine du développement »*, Editions CLE, Yaoundé, 1970, pp.122-123.

reproduction sociale de la pauvreté mentale et matérielle est perpétuelle depuis des générations. Marmailles d'enfants sans éducation et sans avenir réel, difficulté à se soigner, vivre au rythme des saisons de fruits (mangues, prunes, avocats, mandarines, etc.), des saisons pluvieuses et sèches, de récoltes et de vente des récoltes sont autant d'exemples manifestes de ces formes d'aliénation dans les pays tiers-mondistes. Si le petit commerçant ambulant trouve son compte dans la vente des boissons spiritueuses dérisoires, par contre, il s'aliène et aliène les potentiels consommateurs par ce seul acte. Cela indique aussi qu'il ya une faible production locale et une faible organisation du cadre matériel et spirituel de notre existence. Ce que nous voulons dire, il y a manifestement l'absence de fabrication d'une « maquette » de vie tant dans le développement intellectuel de l'homme que dans le développement socio-économique. L'intention en organisation des sociétés humaines consiste à faire comprendre l'importance de fonctionner en laboratoire de conception comme base de simulation et de projection de notre développement commun. A cela il faut ajouter le schéma de l'industrialisation, schéma qui passe par des ébauches d'entreprise mécanisées dans la production et la transformation des matières. C'est à partir de ces schémas qu'on peut évidemment arriver à quelque chose de concret. Pour cela, il faut que peu de voix s'élève dans une affirmation égoïste et égocentrique pour créer la disharmonie. Si nous commençons par dénombrer avec méthode et de manière exhaustive nos besoins de développement en les situant par degré sur une échelle de valeurs, puis à les traiter philosophiquement, nous arriverons certainement à déclencher le « Aude sapere » et à changer durablement notre cadre physique et social de vie. Quant aux matières physiques, il nous faut par un travail d'inventorisation connaître le potentiel naturel de notre milieu. Les parasites nous suivront dans ce processus de mise en valeur de notre raison comme des spectateurs ou téléspectateurs de football sans nécessairement nous rejoindre sur le terrain de cette bataille contre le sous-développement ; mais les inventeurs nous comprendront rapidement et trouveront par ailleurs leurs sources d'inspiration. L'expression « pacte associatif » si chère au philosophe Jean Jacques Rousseau nous rappelle que nous nous unissons non pas pour nous aliéner, mais pour nous sentir plus libres et en sécurité étant protégé par une organisation commune. Ainsi, dans le pacte associatif, on se sacrifie pour son semblable qui de manière réciproque se sacrifie pour nous. Ce sens du pacte associatif, il me semble que nous ne l'avons pas bien compris. Car dans nos rapports quotidiens, on se comporte envers autrui comme si notre existence ne dépendait aucunement de lui. Loin s'en faut. Comme dans le cas de la nature, les éléments humains s'influencent directement ou indirectement. Le fou couché sur la route, le balayeur d'Hysacam[32] qui nettoie la rue, le vendeur d'eau glacée, le taximan, le piéton qui attend le taxi, le mendient, le banquier dans son bureau luxueux, l'ingénieur et le maçon qui construisent, les ministres et le président de la République sont tous directement ou indirectement dépendants les uns des autres par la loi naturelle du champ magnétique de notre cadre de vie physique et social. Etre le Président des pauvres comme celui des riches a aussi des conséquences dans nos rapports avec les autres présidents. La même considération ne pourrait nous être accordée dans les deux cas. Si nous faisons fi des problèmes de notre organisation commune, nous risquons ne jamais connaître le développement. Nous risquons nous contenter de quelques individualités de réussite comme des survivants marchant sur des cadavres lors d'une catastrophe ou d'une guerre. On doit donc sacrifier son libertinage au profit de la vraie liberté en collectivité. Dans le pacte associatif, on pense ensemble, on

---

[32] Société d'hygiène publique présente au Cameroun depuis 2004 et qui s'occupe du ramassage des ordures ménagères dans les villes et de balayer les rues.

décide ensemble et si l'on a atteint un stade élevé de philosophie c'est-à-dire de pensée et d'organisation rationnelles, on doit agir ensemble. De la sorte, les résolutions de notre vie commune se définissent et se consignent jalousement par écrit. Le but de cette conservation est de permettre des éventuels repères et de modifications éventuelles suivant l'évolution du temps. Un vrai pacte associatif se réalise donc dans un esprit consensuel, c'est-à-dire démocratique. Ce pacte ne fait point de mal à nos libertés fondamentales, au contraire, il les favorise. Dans ce pacte, on tient compte comme le dit Rousseau des couches vulnérables nées ou devenues par la force des choses, comme les cas des déficients visuels, auditifs, les personnes nées avec des malformations, les handicapés, les vieilles personnes, les personnes en détresse, accidentées, etc. Ces personnes doivent être encadrées par des lois sociales d'intégration, de soutien familial, d'accompagnement de la communauté. Il est vrai que cette ébauche d'intégration des personnes vulnérables était et est déjà fonctionnelle dans les formes premières des communautés des sociétés du tiers monde. Mais elle a été interrompue par le développement de l'individualisme sauvage, legs de la colonisation ratée. Il nous faut aujourd'hui la réinventer surtout que nous faisons de plus en plus face à de nouveaux cas des personnes vulnérables comme c'est le cas des personnes vivant avec le VIH/SIDA. Cette démarche a le double avantage de reculer les disparités sociales et de rendre tout le monde utile et heureux dans sa situation de vie dérivée de la providence divine.

11- L'audace d'inventer ou de prendre l'initiative louable

S'il est vrai que Dieu a donné aux hommes la raison pour parfaire à leur manière l'œuvre de la nature, c'est dire que l'acte d'« inventer » ici relève de l'audace. Qu'est-ce que donc l'audace d'inventer ? C'est l'acte par lequel la personne pense et réalise directement ou indirectement (usage des instruments, machines, forces extérieures) l'œuvre de création, de distinction et d'ornementation commencée par Dieu tel que nous suggère la division de l'œuvre de six jours de Thomas D'Aquin. Car dans l'ordre de la création, nous dit Thomas D'Aquin, dans l'œuvre de six jours (*Somme théologique*), il ya « l'œuvre de création » de « distinction » et d'« ornementation ». Les noms des animaux par exemple, nous rapportent la Bible, sont donnés par l'homme. Cet acte traduit à la fois la pensée et son résultat. Le « logos », parole donnée aux hommes s'exprime et crée la culture de distinction des choses. L'œuvre d'ornementation participe de cette initiative et la plus sublime est l'œuvre de création.

Nous, sociétés du tiers monde, savons distinguer les choses, les orner, mais nous savons très peu accorder de l'importance à la création. Les trois choses réunies créent la civilisation. L'absence de l'invention maintient la société dans la pure culture primitive, culture qui transforme très peu les mœurs et la nature. L'audace d'inventer, c'est alors l'audace culturelle qui cherche à se perfectionner c'est-à-dire à créer des formes améliorées des choses, à mieux les distinguer et à mieux les orner. Ici, le scientifique, l'éthique et l'esthétique se mêlent pour donner à l'homme l'épanouissement humain le plus possible. Le scientifique correspondant à la création, l'éthique à la distinction et l'esthétique à l'ornementation. En effet, de même qu'il existe dans le ciel une constellation des luminaires qui ornent ce lieu, de même, il existe sur la terre des constellations d'œuvres humaines qui ornent ce lieu. Qui nierait aujourd'hui que l'électricité produisant des merveilles à travers de milliards d'ampoules fait rivaliser d'adresse l'éclat de la terre avec l'éclat du ciel ? Ce qui a précédé l'électricité, c'est la recherche, l'invention des schémas de vie. Supprimer l'électricité et revenir à un mode de vie traditionnelle, c'est rentrer dans la préhistoire la plus lointaine c'est-a-dire dans l'âge de la pierre taillée. Ainsi, il faut le dire, personne de nos jours n'accepterait une telle chose. Or l'électricité, autrefois enfouies dans le cerveau d'un génie s'est matérialisée en schéma concret, base de nouvelles inventions et de facilitation du travail humain. Les activités humaines secondaires dépendent aujourd'hui de cette invention. L'infrastructure ne peut certes pas remplacer la religion dans le cœur, ou enseigner l'art culinaire, musical, changer les défauts caractériels, mais elle sert néanmoins à l'entreprise de certaines activités humaines-clés de notre monde. Elle multiplie les possibilités de travail, réjouit en termes d'éclairage, de fonctionnement des appareils, et finalement permet de sauver de nombreuses vies dans ses applications médicales. Il est vrai qu'elle cause aussi des dégâts considérables. Mais cet aspect est trop réducteur. Ainsi il ne faut pas confondre production et usage. L'invention permet non seulement de réaliser l'œuvre de distinction et d'ornementation, mais aussi de corriger celles qui existent déjà. Nous utilisons l'expression « Aude sapere » pour traduire le *leitmotiv* qui doit caractériser un peuple aspirant au développement total. Parce que le tiers monde est encore pauvre, faible en invention et en industrialisation, il se doit d'oser en utilisant son bon sens pour s'auto-développer. Le tissu de notre invention est extrêmement lacunaire, faible, déstructuré et en voie de disparition au regard de l'inondation de nos mentalités, rues, maisons par les produits importés notamment de la Chine ou de Dubaï. Nous rappelons une fois de plus l'analyse d'Ebénézer Njoh-Mouelle lorsqu'il dit :

> *C'est dans cette situation que se trouve aujourd'hui la culture de nos sociétés. Le code a été brisé lors de l'impact avec la civilisation occidentale, brutalement brisé par la colonisation. Et la gravité de la crise vécue aujourd'hui par l'homme africain est proportionnelle à la brutalité de cette rupture de la matrice première des significations. La crise se manifeste, d'abord comme un manque, une absence. Notre homme égaré en pleine forêt culturelle cherche une issue. Sa crise est vécue comme une désorientation inopinée. Et la prise de conscience de cette désorientation peut l'exposer à l'inquiétude et à l'angoisse. Que la crise soit vécue comme conscience d'un manque dans la réalité n'est pas douteux ; mais l'occasion est encore bonne de souligner ici que dans notre situation de sous-développement, ce manque a souvent été vu sous l'aspect matériel. Notre crise ne se réduit pas à une simple crise de biens de consommation. Nous sommes justement en train de montrer que l'aspect véritablement culturel est autant sinon plus important que l'autre. Par aspect culturel nous entendons l'activité par laquelle l'homme se sépare de la nature-instrument pour lui donner un sens en même temps qu'il donne sens à ses propres entreprises et par là acquiert une personnalité et une dignité propre*[33].

Les quelques inventions que nous produisons sont encore grotesques, elles doivent être multipliées et améliorées par une étape supérieure du processus de la recherche. Dans ce processus, sciences sociales et sciences de la matière doivent collaborer pour former ce que nous appelons la « philosophie totale » nécessaire à notre épanouissement et à notre émergence. Oui, l'audace d'inventer, il la faut partout dans nos sociétés, dans tous les secteurs d'activités et toutes les années. A cet effet, on peut résumer notre idéal d'émergence et de développement à

---

[33] Ebénézer NJOH-MOUELLE, œuvre citée, p.36.

cette formule : « Un esprit sain dans un corps sain et dans un environnement sain[34] ». Un tel idéal indique clairement que l'homme lui-même est un être total, multidimensionnel qui connaît à la fois les problèmes de l'âme, du corps et de l'environnement. Les trois prédicats de cet idéal résument ces dimensions. Il ne doit avoir de rupture permanente et prolongée entre les trois segments de sa vie ; par conséquent, les œuvres d'invention doivent tenir compte de ces trois dimensions pour réaliser le développement harmonieux, régulier et intégral de l'être humain. Un esprit sain signifie la morale à inculquer ; le corps sain la propreté absolue de notre physique et l'environnement sain l'infrastructure et la vie publique déployée dans cet espace.

[34] La formule est de nous.

12- Infrastructure et superstructure

Voici comment il faut lire et comprendre Karl Marx dans sa conception et définition de la société quand on veut aborder les problèmes liés au développement des sociétés du tiers du monde. Au commencement la structure c'est-à-dire l'ordre naturel de choses. La structure est donc au fondement de tout. Elle est matérielle, car considérée comme la matière dont la première forme est la terre et ce qui s'y trouve naturellement comme les plantes, les animaux, les minérais etc. Ces matières donnent lieu à la « lutte de classes », c'est-à-dire à la compétition entre les hommes surtout quand la rareté se fait sentir du fait de la montée démographique ou de leur mise en valeur. La structure est donc la constitution, la forme impliquant la ou les fonction (s) des éléments. Ces luttes débouchent sur la notion de « propriété » qui peut être privée ou publique. Mais la propriété est d'abord privée avant d'être publique puisque chaque personne pense d'abord, et, avec raison, à ses intérêts propres. Elle est ensuite publique en ce sens que la vie en commun impose l'acceptation du partage commun de certains espaces ou bien de certains objets et sujets, objets d'interaction humaine. La possession du terrain est capitale, c'est-à-dire indispensable pour le déploiement de toute activité. Il sert par certaines formes à l'agriculture, à l'élevage, à la construction des abris, et même à des voies de communication (routes) et au loisir. Bref, la mise en valeur du terrain est essentielle pour créer l'enjeu de lutte et dépend de l'appropriation qu'on en fait (privée et publique[35]). C'est pourquoi il est considéré par Karl Marx comme le premier

[35] Voir Jürgen Habermas dans sa définition de l'espace public et privé.

capital impérissable. Quant à l'infrastructure, le préfixe détaché expressément par nous permet de dire que lorsqu'il est ajouté au radical structure, signifie ajout, transformation, mise en valeur de fond en comble par l'homme. C'est pourquoi l'expression renvoie par exemple aux routes bitumées, aux bâtiments (publics ou privés), aux installations électriques, hydrologiques, aux usines, etc. Les infrastructures sont donc les dérivées de la culture et de la civilisation technique de l'homme. Il ya bel et bien nuance entre civilisation technique et civilisation des mœurs au sens où l'entend le sociologue Norbert Elias. La civilisation technique, c'est l'ensemble de la créativité issue de l'intelligence humaine. Il ya donc invention dans le domaine technique ou de la techno science lorsque la matière est transformée. C'est ce volet de l'invention humaine qui servira à son tour de levier à la définition de la superstructure. Cette dernière doit être entendue comme les modes et rapports de vie dans une société donnée. Ces rapports et ces modes, souligne Karl Marx, ont été tous les temps, les « rapports de la lutte de classes ». Celui qui invente beaucoup et en qualité (performance) prend logiquement le dessus sur l'autre qui invente moins, en mauvaise ou médiocre qualité ou pas du tout. De ce fait, réparer un appareil ce n'est pas tellement le génie. Le génie justement c'est d'en créer. Ici il s'agit de privilégier la capacité à créer aux dépens des facultés d'exercer un métier mécanique. Car la mécanique est parfois un jeu du hasard et maintient l'homme dans la domination. Comme son nom l'indique, elle est mécanique, c'est-à-dire stéréotypée, répétitive, hésitante, tâtonnante.

C'est par l'invention et son droit de propriété que les classes sociales naissent et deviennent rivales par l'appropriation et la transformation des capitaux. Dans ce schéma, le rapport dominant-dominé en occident correspondrait aux rapports entre les gens ayant moins accumulé de capitaux par leur invention ou travail que les gens ayant accumulé plus de capitaux par leur invention ou travail. De même, il faut admettre que le rapport dominant-dominé entre l'occident et l'Afrique ou entre l'Afrique et la Chine précisément est né de ce schéma décrit. Ce rapport reste durable du fait de cette différence dans l'invention, le travail et l'accumulation des capitaux nécessaires à la mise sur pied de nouvelles infrastructures. A l'échelle locale, et au niveau de chaque Etat, le même schéma est observable. Il faut créer et posséder pour être puissant. Se libérer d'une domination ou d'une contrainte passe par le même schéma.

Or le schéma paraît linéaire pour atteindre cet objectif. Il s'agit de partir de la superstructure à l'infrastructure pour comprendre le « sens et la puissance[36] » de la « lutte des classes » en campagne et en ville au sens de Marx. Ce n'est pas parce que l'infrastructure donnerait automatiquement l'intelligence, mais parce qu'elle faciliterait le développement de certaines activités humaines, l'épanouissement, la mise en valeur, le développement tout court. C'est pourquoi l'enfant qui est né et éduqué dans un espace complet c'est-à-dire dans un espace où les infrastructures sont développées, développe également son intelligence et est plus fort que celui qui grandit dans des infrastructures sous-développées. L'infrastructure est donc la base matérielle sur laquelle s'élève la superstructure (idéologies et institutions). De là naissent l'inégalité des classes sociales de base et les effets de cette inégalité à l'échelle supérieure c'est-à-dire au sommet de la pyramide sociale. L'inégalité est donc structurelle à la base puis devient infrastructurelle par le transfert ou la convertibilité des capitaux et super-structurelles par la différence d'invention et de travail. Les effets d'une telle inégalité sont continuels c'est-à-dire l'inégalité de base entraine la socialisation différentielle et finalement la reproduction des classes sociales de générations en générations et sur une longue durée de l'histoire. Mais que faire quand toute situation de départ nous est défavorable ? En effet, il faut miser sur sa matière grise et

---

[36] Expression empruntée au sociologue Georges Balandier.

rien que sur elle. Il est vrai que cette matière grise ne s'éclot que par un effet de l'éducation acceptable et est bloquée à jamais quand elle vient à manquer. Tout compte fait, il arrive quand même qu'on y échappe et que l'on arrive se servir de sa raison. Et c'est là qu'il faut en profiter pour réduire son écart d'inégalité si on est dans le camp des défavorisés ou renforcer cela quand on est dans le camp des favorisés. Ce profit consiste à se livrer au travail, fut-il intellectuel, manuel ou matériel et tenter par-là de renverser, creuser davantage ou de niveler la situation de départ. C'est donc à juste titre que Karl Marx envisage à travers sa philosophie parvenir à une société égalitaire en misant sur la matière grise et le sens de la justice sociale, société devant fonctionner sous le prisme de ce que lui et son ami Engels appellent la « société communiste » dont les principes politiques correspondent à ceux de la vie en communauté. En effet, les règles de vie dans la communauté, nous dit le sociologue Ferdinand Tönnies, sont différentes de celle de la société tout court. Cela se vérifie par l'observation des faits une fois que la différence de définition est comprise entre les deux. Pour lui, la communauté (Gemeinschaft) est un « groupement d'individus liés entre eux par des relations d'interdépendance, vécues sur un mode affectif, une solidarité née de l'unanimité de croyance aux mêmes valeurs » alors que la société correspond au mot « Gesellschaft » et désigne un « groupement où prédomine la règle formelle[37] ». Les valeurs du travail et de l'invention doivent être au centre de nos préoccupations tant au niveau du politique que des autres acteurs de la société. Au Cameroun par exemple, ceux qui ont partiellement compris l'importance de la propriété privée du capital ainsi que de la valeur du travail et de l'invention, c'est les Bamiléké, peuple occupant une partie de l'ouest-Cameroun. C'est pourquoi non seulement ils se soutiennent dans l'acquisition du capital, mais aussi ils achètent partout où

[37] Cité par Madeleine Grawitz dans *Lexique des sciences sociales*, Edition Dalloz, 199, p. 74.

ils se trouvent des terrains pour les mettre en valeur tout en refusant de vendre ceux qui se trouvent dans leur portion d'occupation naturelle. Il faut en effet inventer ses propres infrastructures surtout dans une Afrique où le peuplement reste concentré laissant de vastes espaces de terre non valorisés ou occupés par de multinationales. La superstructure à laquelle nous nous référons est en bonne partie l'héritage de l'occident à qui nous laissons le soin de bâtir les grands ouvrages (ponts, routes, barrages,) et d'installer les sociétés et entreprises nécessaires seulement à l'exploitation et à l'exportation de nos matières premières. Ces sociétés induisent des effets de développement global et qu'on appelle communément au Cameroun dans le langage politique et de la macroéconomie « Les grandes réalisations » économiques. Car tout est soigneusement calculé de telle sorte que seuls les débris des retombées économiques de ces travaux restent dans les colonies anciennes ; ce sont leurs infrastructures au service de leur activité d'exploitation des minerais ou des matières du sol comme le bois, les cultures de rente. Nous devons introduire nos propres schémas de développement dans le plan légué par le système occidental ou asiatique si nous voulons émerger et devenir un géant parmi les géants de ce monde. Nous semblons trop spectateurs et admirateurs devant les inventions occidentales, chinoises sans songer à lancer le processus de nos propres inventions.

En guise de conclusion

Il nous faut tirer une conclusion de toutes les démonstrations effectuées jusqu'ici sur le problème que nous avons identifié et que nous avons appelé le rapport entre l'inventeur et le parasite. Nous avons dit que la différence entre l'un et l'autre réside dans le degré d'appropriation de cette science noble et totale à savoir la philosophie. L'inventeur est toujours animé d'un esprit d'invention, de progrès. Cela signifie que celui qui philosophe réellement ne se contente pas de cette « philosophie spéculative » qu'on enseigne dans les lycées et les universités pour valider les notes, ou comme le dit René Descartes à propos de l'enseignement de la philosophie des scolastiques, mais est animé par le désir d'invention, de réforme sociale. Il n'existe donc pas de tâtonnement ni de suivisme aveugle en matière de développement. L'inventeur ou le véritable philosophe sait donner une orientation nouvelle à la société sans toutefois devenir orgueilleux ou farceur comme le fait le parasite qui ne produit en réalité rien. L'inventeur est toujours soucieux de comprendre les rapports réels des choses, de les modifier, d'améliorer les mœurs, la civilisation et de libérer par sa pédagogie, les âmes enchainées dans la « caverne » de Platon ou plus précisément dans les préjugés et les traditions d'une culture stérile. Si nous avons décelé ce problème et l'avons traité suivant nos observations et expériences empiriques, nous y avons ajouté une bonne dose de théorie rationaliste. Mais si nous étions restés dans l'attitude du parasite, toujours superstitieux et jamais rationnel, notre génie serait resté muet en nous et nous n'aurions été utiles ni à nous-mêmes ni à la société qui nous a tout donné et à qui nous devons tout. La clé de notre développement réside en réalité dans notre audace à nous servir de notre raison pour inventer. L'éducation est la clé principale de ce départ parce qu'elle permet de toiletter les mentalités et d'élever l'esprit de l'homme à la dimension de l'inventeur ou du civilisé moral, intellectuel. Observons par exemple un homme pris aux mains d'un village d'Afrique centrale dès son enfance et amené aux USA par une famille missionnaire soucieuse de l'arracher à la sous-éducation et à la misère dont il est victime chez lui. Là il grandit comme leur enfant et devient américain recevant l'éducation de ce pays et connaissant sa culture. Cet homme revient en Afrique au crépuscule de sa cinquantaine. Entre lui et les personnes de mêmes âges, restées en Afrique sans jamais fréquenter et voyager, il y aura un grand écart de développement intellectuel. L'Africain devenu Américain sera de loin leur éclaireur de conscience. Tout le monde s'accordera logiquement à partir de cet exemple à reconnaitre que ce n'est pas cet homme qui a fait l'éducation américaine, mais c'est l'éducation américaine qui a fait de lui ce qu'il est. Désormais il assez fort et outillé pour se refaire la vie en refaisant ce que cette éducation a si bien fait de lui. S'il suscite l'admiration, c'est du fait de son éducation et non de sa nature. Il peut à son tour enrichir cette éducation par ses inventions ou propositions. Ainsi, nous disons que tout paresseux a nécessairement raté son éducation et ne peut maintenir son existence qu'aux dépens de l'inventeur.

Un homme est fort ou faible dans la tête c'est selon que l'éducation qui l'a faite est faible ou forte et s'il ne fait aucun effort d'ajouter une plus-value à ce qu'il a reçu, il restera dans le *statu quo*. Nous pensons que c'est par la bonne éducation et la bonne organisation que le développement est possible et l'invention réussie. La réinvention de notre modèle de vie est nécessaire pour entrer et vivre triomphalement dans le 3ème millénaire.

Bibliographie des auteurs cités

Canfora, LUCIANO, « La véritable histoire de la Bibliothèque d'Alexandrie », Bulletin des bibliothèques de France [en ligne], n° 4, 1988 [consulté le 01 avril 2016]. Disponible sur le Web : <http://bbf.enssib.fr/consulter/bbf-1988-04-0334-004>. ISSN 1292-8399.

Ebénézer NJOH-MOUELLE, *De la médiocrité à l'excellence. « Essai sur la signification humaine du développement »*, Editions CLE, Yaoundé, 1970, pp.122-123.

Emmanuel KANT, *La critique de la faculté de juger* tad. Philonenko, Paris, Vrin, 2000, p. 40-41.

Emile DURKHEIM, *Education et sociologie*, Editons PUF, 1969.

Frantz FANON, Les *Damnés de la Terre,* Éditions Maspero en 1961 et traduit en 15.

Jean Jacques ROUSSEAU, *Du contrat social*, Editions Sociales, 1971, p. 17.

Jean Paul SARTRE, *L'existentialisme est un humanisme*, Editions Nagel, 1946, pp. 22-23, cité in *Philosophie en Afrique* (Notions et textes), Editions les Classiques Camerounais, 2008, pp. 149-150.

Larousse 2008

Madeleine GRAWITZ, *Lexique des sciences sociales*, Editions Dalloz, 199, p. 74.

Marcien TOWA, *Essai sur la problématique philosophique dans l'Afrique actuelle*, Editions CLE, Yaoundé, 2000, p. 7.

Platon, *Le Philèbe*, Œuvres complètes aux Editions Garnion Flammarion, Paris, 1969. La traduction et les notes sont faites par Emile CHAMBRY.
La République, Livre VII, Editions Garnion Flammarion, traduction de Robert Bacou, p.38, édition de 1992, p.279.
Apologie de Socrate, Editions Hatier, 1993, traduction de Claude CHRETIEN.

René DESCARTES, *Discours de la méthode*, Editions Bordas, Paris, 1984, p. 7.

Said MAHRANE in Journal *Le point* du 08 juin 2011 intitulé « La sagesse grecque », p. 113.

L'Afrique

aux éditions L'Harmattan

Dernières parutions

ETHNIES, NATIONS ET DÉVELOPPEMENT EN AFRIQUE : QUELLE GOUVERNANCE ?
Actes du colloque de Brazzaville (Congo), du 26 au 28 mai 2014
Sous la direction de Hugues Mouckaga, Scholastique Dianzinga, Jean-François Owaye
En 1962, quelques années seulement après que la parenthèse coloniale eut commencé à se fermer, un agronome français, René Dumont, osa ce pronostic : « l'Afrique noire est mal partie ». Que de protestations ! Pourtant, plus de 50 ans après les indépendances, le continent africain est à la peine et patine. L'explication : la mal gouvernance. Du fait de ses ethnies, l'Afrique fait face à un épouvantable écueil ! Elle n'arrive pas à se constituer en nations ! Il importait donc d'agir, de réfléchir autour de cette problématique.
(Coll. Études africaines, 55.00 euros, 704 p.)
ISBN : 978-2-343-05785-9, ISBN EBOOK : 978-2-336-37944-9

ÉLECTIONS, VOTE ET REPRÉSENTATION POLITIQUE DES AFRICAINS DE L'ÉTRANGER
Suivi du *Guide des opérations électorales en dehors des frontières nationales*
Wongo Ahanda Antoine
Quels sont aujourd'hui les types d'élections, les mécanismes et les procédures du vote à l'extérieur adoptés par les pays africains ? Dans cet ouvrage, qui fait la synthèse des connaissances et des pratiques du vote à l'extérieur et de la représentation politique des Africains de l'étranger, l'auteur entend apporter une contribution pédagogique au processus d'appropriation de la citoyenneté externe par les États africains. Un ouvrage qui intéressera les leaders africains, les migrants africains et tous ceux qui sont impliqués dans le processus de vote à distance à travers l'Afrique et les pays d'immigration.
(Coll. Études africaines, 21.00 euros, 202 p.)
ISBN : 978-2-343-02009-9, ISBN EBOOK : 978-2-336-38129-9

MANUELS SCOLAIRES, ENVIRONNEMENT INFORMATIF ET NUMÉRIQUE AU SERVICE DE LA LECTURE
Enjeux nouveaux pour une école émergente
Thioune Birahim - Préface de Michèle Verdelhan Bourgade
Aujourd'hui, l'environnement socioculturel s'est complexifié du fait de l'émergence de technologies nouvelles qui ont envahi l'univers des apprenants et qui se révèlent, dans les espaces d'éducation et de formation, à la fois comme

des promesses d'enrichissement et des menaces. Ce livre fixe quelques contours de l'utilisation des TIC (Technologies de l'Information et de la Communication) et des limites à observer dans leur application, sous peine de mettre en péril tout un patrimoine pédagogique.
(16.50 euros, 164 p.)
ISBN : 978-2-343-06236-5, ISBN EBOOK : 978-2-336-37731-5

L'ÉCOLE, GAGE DU DÉVELOPPEMENT DE L'AFRIQUE
Zénith Laurent - Préface de Mathias Eric Owona Nguini
Si plusieurs facteurs et secteurs sont à considérer pour sortir rapidement l'Afrique de son retard, le domaine scolaire revêt une importance capitale. Malheureusement, ce levier du développement qu'est l'école regorge de nombreuses tares dans la quasi-totalité des pays subsahariens. Un système académique bien pensé participerait fortement à l'essor de l'Afrique. À partir de propos, témoignages et de cas vécus, l'auteur met à nu tous les manquements qui handicapent l'émergence de ces pays.
(Harmattan Cameroun, 16.50 euros, 158 p.)
ISBN : 978-2-343-06203-7, ISBN EBOOK : 978-2-336-38133-6

LE CAMÉLÉON ET LA MORT EN AFRIQUE
Eschenlohr Nicole
La question de la mort hante nos esprits rationnels. Pour mieux maîtriser cette angoisse existentielle, les civilisations traditionnelles ont détourné le problème en attribuant une origine à cette mort : pourquoi et comment est-elle apparue ? En réponse à ses interrogations, la mythologie africaine, riche de liens tissés entre les hommes et les animaux, a désigné un responsable qu'elle a placé au cœur de ses récits et légendes : le caméléon. Accusé de lenteur, sa défense repose sur l'inéluctabilité de la mort...
(Coll. Ethnographiques, 14.00 euros, 132 p.,)
ISBN : 978-2-343-05818-4, ISBN EBOOK : 978-2-336-37485-7

APPROCHE CRITIQUE DU DÉVELOPPEMENT EN AFRIQUE SUBSAHARIENNE
Zagre Ambroise
Le sous-développement de l'Afrique subsaharienne constitue une préoccupation majeure pour les pays concernés, la communauté internationale, les milieux intellectuels et la société civile. Cet ouvrage interroge la notion de développement et envisage l'avenir de ce sous-continent vers un nouveau paradigme de développement : l'»auto-développement humain», capacité des sociétés à se développer en comptant d'abord sur leurs forces intérieures, leur capacité de création et leurs potentialités matérielles et spirituelles.
(Coll. Politique et dynamiques religieuses en Afrique, 27.00 euros, 260 p.,)
ISBN : 978-2-343-05939-6, ISBN EBOOK : 978-2-336-37427-7

LA PRÉCARITÉ QUOTIDIENNE EN AFRIQUE DE L'OUEST
Culture et développement
Ernoux Jules - Préface de Michaël Singleton
Cet ouvrage propose des tranches de vie prises sur le vif dans la population, plutôt urbaine, de Côte d'Ivoire, de Guinée et du Niger. À l'issue de 33 séjours

L'Harmattan Italia
Via Degli Artisti 15; 10124 Torino
harmattan.italia@gmail.com

L'Harmattan Hongrie
Könyvesbolt ; Kossuth L. u. 14-16
1053 Budapest

L'Harmattan Kinshasa
185, avenue Nyangwe
Commune de Lingwala
Kinshasa, R.D. Congo
(00243) 998697603 ou (00243) 999229662

L'Harmattan Congo
67, av. E. P. Lumumba
Bât. – Congo Pharmacie (Bib. Nat.)
BP2874 Brazzaville
harmattan.congo@yahoo.fr

L'Harmattan Guinée
Almamya Rue KA 028, en face
du restaurant Le Cèdre
OKB agency BP 3470 Conakry
(00224) 657 20 85 08 / 664 28 91 96
harmattanguinee@yahoo.fr

L'Harmattan Mali
Rue 73, Porte 536, Niamakoro,
Cité Unicef, Bamako
Tél. 00 (223) 20205724 / +(223) 76378082
poudiougopaul@yahoo.fr
pp.harmattan@gmail.com

L'Harmattan Cameroun
BP 11486
Face à la SNI, immeuble Don Bosco
Yaoundé
(00237) 99 76 61 66
harmattancam@yahoo.fr

L'Harmattan Côte d'Ivoire
Résidence Karl / cité des arts
Abidjan-Cocody 03 BP 1588 Abidjan 03
(00225) 05 77 87 31
etien_nda@yahoo.fr

L'Harmattan Burkina
Penou Achille Some
Ouagadougou
(+226) 70 26 88 27

L'Harmattan Sénégal
10 VDN en face Mermoz, après le pont de Fann
BP 45034 Dakar Fann
33 825 98 58 / 33 860 9858
senharmattan@gmail.com / senlibraire@gmail.com
www.harmattansenegal.com

L'Harmattan Bénin
ISOR-BENIN
01 BP 359 COTONOU-RP
Quartier Gbèdjromèdé,
Rue Agbélenco, Lot 1247 I
Tél : 00 229 21 32 53 79
christian_dablaka123@yahoo.fr

Achevé d'imprimer par Corlet Numérique - 14110 Condé-sur-Noireau
N° d'Imprimeur : 133970 - Dépôt légal : novembre 2016 - *Imprimé en France*

www.ingramcontent.com/pod-product-compliance
Lightning Source LLC
LaVergne TN
LVHW051405061026
849535LV00009B/3372

* 9 7 8 2 3 4 3 1 0 7 6 0 8 *